会社別就活ハンドブックシリーズ

2025

ソフトバンクの就活ハンドブック

就職活動研究会 編
JOB HUNTING BOOK

は じ め に

　2021年春の採用から，1953年以来続いてきた，経団連（日本経済団体連合会）の加盟企業を中心にした「就活に関するさまざまな規定事項」の規定が，事実上廃止されました。それまで卒業・修了年度に入る直前の3月以降になり，面接などの選考は6月であったものが，学生と企業の双方が活動を本格化させる時期が大幅にはやまることになりました。この動きは2022年春そして2023年春へと続いております。

　また新型コロナウイルス感染者の増加を受け，新卒採用の活動に対してオンラインによる説明会や選考を導入した企業が急速に増加しました。採用環境が大きく変化したことにより，どのような場面でも対応できる柔軟性，また非接触による仕事の増加により，傾聴力というものが新たに求められるようになりました。

　『会社別就職ハンドブックシリーズ』は，いわゆる「就活生向け人気企業ランキング」を中心に，当社が独自にセレクトした上場している一流・優良企業の就活対策本です。面接で聞かれた質問にはじまり，業界の最新情報，さらには上場企業の株主向け公開情報である有価証券報告書の分析など，企業の多角的な判断・研究材料をふんだんに盛り込みました。加えて，地方の優良といわれている企業もラインナップしています。

　思い込みや憧れだけをもってやみくもに受けるのではなく，必要な情報を収集し，冷静に対象企業を分析し，エントリーシート作成やそれに続く面接試験に臨んでいただければと思います。本書が，その一助となれば幸いです。

　この本を手に取られた方が，志望企業の内定を得て，輝かしい社会人生活のスタートを切っていただけるよう，心より祈念いたします。

就職活動研究会

Contents

第**1**章

ソフトバンクの会社概況

会社によって選考方法は千差万別。面接で問われる内容や採用スケジュールもバラバラだ。採用試験ひとつとってみても，その会社の社風が表れていると言っていいだろう。ここでは募集要項や面接内容について過去の事例を収録している。

また，志望する会社を数字の面からも多角的に研究することを心がけたい。

✔ 理念・ビジョン・戦略

経営理念
情報革命で人々を幸せに

ソフトバンク株式会社および子会社は、ソフトバンクグループ共通の経営理念である「情報革命で人々を幸せに」という考え方の下、創業以来一貫して、情報革命を通じた人類と社会への貢献を推進しています。

ビジョン
「世界に最も必要とされる会社」を目指して

当社は情報革命で人々の幸せに貢献し、「世界に最も必要とされる会社」になることを目指しています。

このビジョンの実現に向けて、これまで築き上げた事業基盤と、デジタルテクノロジーの力で新しい社会基盤を作り、誰もが便利で、快適に、安全に過ごせる理想の社会を実現していきます。

サステナビリティ
事業活動と企業活動を通じ、持続可能な社会に貢献

当社グループは持続可能な社会の実現に向けて、「すべてのモノ・情報・心がつながる世の中を」をコンセプトに、取り組むべき6つの「マテリアリティ（重要課題）」を定めています。情報・テクノロジー領域でビジネスを推進していくことで、社会や人々の課題を解決することを目指します。

経営戦略
情報・テクノロジー領域において通信事業を中心にさまざまな事業に取り組み、企業価値の最大化を図っています。

成長戦略「Beyond Carrier」

当社グループの成長戦略「Beyond Carrier」は、コアビジネスである通信事業の基盤を生かしながら、通信キャリアの枠を超え、情報・テクノロジー領域において多様な事業の創出・拡大を図ることで、企業価値の最大化を目指します。

✔ 会社データ

事業内容	移動通信サービスの提供、携帯端末の販売、固定通信サービスの提供、インターネット接続サービスの提供
設立年月日	1986年12月9日
本社所在地	〒105-7529 東京都港区海岸一丁目7番1号
代表者	代表取締役 社長執行役員 兼 CEO　宮川 潤一 代表取締役 副社長執行役員 兼 COO　榛葉 淳 代表取締役 副社長執行役員 兼 COO　今井 康之
資本金	204,309百万円（2023年3月31日現在）
従業員数	単体：19,045人（2023年3月31日現在） 連結：54,986人（2023年3月31日現在）

✔ 仕事内容

コンシューマ事業

コンシューマ営業

ソフトバンクショップや家電量販店などの販売代理店の経営幹部から店頭・現場まで、各レイヤーの営業・販売に関するコンサルティング業務。自ら企画を考えて商談から実施までを全て任され、お客さまに一番身近な最前線で活躍します。

企画・マーケティング

事業企画：事業戦略の企画・立案、その実現に向けた事業 KPI・予算や実績の管理、およびプロダクト・サービス 等の企画・立案・推進・運用業務を担当します。

セールス・プロモーション企画：プロダクト・サービスの拡販と企業価値の最大化を目指したセールス・プロモーションの企画・立案・推進、およびブランド管理業務を担当します。

カスタマーサポート

顧客への提案サポート・モバイル／ブロードバンド回線の開通までのオーダー処理・その他アフターフォロー等の関連業務を担当します。

テクノロジーユニット

ネットワークエンジニア

ネットワークの企画、設計、開発、監視、保全を実施。5G・IoT など次世代ネットワーク戦略の立案や、通信品質向上、カバーエリアの広域化計画策定など、人々の生活に必要不可欠なライフラインを提供しています。

ソリューションエンジニア

法人のお客さまの ICT 環境やビジネス・ワークスタイルに関する課題解決に向けて、モバイル・ネットワーク・クラウド・FMC ／ UC を中心とした多種多様なソリューションの企画・提案、およびそれらの実現に向けたシステムの設計・構築・運用を行います。

セキュリティエンジニア

ソフトバンクおよび子会社のセキュリティ関連業務全般を担当します。組織の

ガバナンス管理、セキュリティコンサルティング、通信ネットワークのセキュリティ監視など多岐にわたる施策でセキュリティリスクを最小化します。

プロダクト・サービス開発

情報革命の実現に向けて、次世代を見据えた IoT・5G プロダクトやサービスの企画・開発・検証を、パートナー企業と連携して実施します。

システムエンジニア

社内システムおよび商用システムの企画、設計、開発、保守・運用を実施。サービスのシステム構築やアプリケーション開発を通じて、革新的価値を創造します。

データサイエンティスト

ビジネス・エンジニアリング・サイエンスの1つ以上の領域において、高度な専門技術を駆使し、データから新たな価値を創出します。加えて AI 技術を用いたあらゆるソリューションの企画・開発・実装・コンサルティングも担当します。

研究開発

最先端技術の情報収集や研究開発、ビジネス創出を行います。ソフトバンクの未来を創造する最先端技術を探り、実用化を推進します。

アライアンス戦略本部

事業開発

新規事業やジョイントベンチャーの立ち上げを目的とし、アライアンス等社外との連携およびパートナーとの共創を通じた各種企画・推進・管理業務およびファイナンス・リーガルに関する業務を担当します。

コーポレート統括

人事・総務

事業の成長に向けて、働く社員がモチベーション高く能力を発揮する環境を整えています。
「会社の成長」と「人の成長」、そして「グループ価値向上」の実現を目指します。

その他管理（法務リスク管理・CSR・広報・内部監査・渉外）

ヒト・モノと「事業」を繋いで、成長し続ける会社をリードし、働きがいのあ

る会社を創ることがミッションです。

また、社会貢献を軸にした CSR 活動の推進、ガバナンスの強化、当社ビジョンや事業戦略などの社内外への広報発信なども行っています。

法人事業統括

法人ソリューション営業

国内・海外問わず法人のお客さまの抱える課題の解決、及び、DX 化推進の支援を行うため、モバイル、ネットワーク、クラウドサービス、デジタルマーケティング、AI にいたるまでソフトバンクが取り扱う多種多様な商材・サービスを提案し、企業の成長をサポートします。

ソリューションエンジニア

法人のお客さまの ICT 環境やビジネス・ワークスタイルに関する課題解決に向けて、モバイル・ネットワーク・クラウド・FMC ／ UC を中心とした多種多様なソリューションの企画・提案、およびそれらの実現に向けたシステムの設計・構築・運用を行います。

財務統括

財務

業績の実態の早期把握や経営目標・予算の策定を通して、経営の意思決定のサポートを行います。コア事業・子会社・ジョイントベンチャーの事業管理を行うことで、経営の羅針盤を提供することがミッションです。

4G から 5G へ。モバイル通信の変革期に、自らの意志でチャレンジを重ねる。

【ネットワークエンジニア／ 2019 年入社】
ネットワークエンジニア未経験で、重要なプロジェクトにアサイン

2 年目からネットワークエンジニアとしてのキャリアがスタート。その矢先に新機種を導入する際の検証業務のリーダーに任命されました。

知識や経験が乏しい中で重要かつ大きなプロジェクトにアサインされたことに対して、身が引き締まる思いをしたことを今でも鮮明に覚えています。

新しい機器を既存のネットワークに組み込んで問題がないのか、さまざまな試験を行って検証する業務なのですが、装置を提供するベンダーと、パートナー企業のネットワークエンジニアに指示を出す立場だったので、まずはひたすら勉強しました。機器のマニュアルを読み込んだり、インターネットで通信技術について調べたり。約 2 カ月にわたって、知識の吸収と検証の作業に没頭しました。

そうすることで、徐々にベンダーの発言の意図が理解できるようになり、社外のエンジニアとも議論ができるようになりました。社内では、3 人でプロジェクトを進めていたのですが、連帯感が生まれて助け合いながら、検証業務を進めることができました。ネットワークは 1 人ではなく、みんなで作っていくものだと、このときに実感しましたね。何とか期限通りに検証が終了して、実際にその機種が使われるようになったときは、大きな達成感を得ることができました。

4G から 5G への移行期間。そのど真ん中で働くことで、社会的な意義を感じられる

現在、4G から 5G への移行が進んでいますが、まさにそのど真ん中で仕事をしています。求められる通信速度が速くなる中で、ネットワーク機器の更新を進めるのが私の役割です。現在は、3G と 4G、5G が併存する期間。それぞれを上手く機能させながら、数千万人の皆さまに快適な通信を提供する、その社会的意義を感じながら仕事をしています。私自身も、携帯電話でニュースや動画を見たり、LINE でコミュニケーションを行い、決済はほぼ PayPay で行っています。モバイル通信の速度が向上すると、生活のクオリティーはもっと良くなりますし、逆に通信が止まってしまうと、多くの方の生活が成り立たなくなる。機器の検証ひとつにしても、社会に与える影響は大きいので、常にその責任感は忘れないようにしています。

今後も、私はネットワークエンジニアとしてのキャリアを続けていきます。通信技術はアップデートされますが、自分自身のスキルも向上させて、社会を支え続けたいです。また、社内では先輩のエンジニアにいろいろなことを教えてもらったので、今度は私が後輩を育てていく役割を担いたいです。自分だけでできることは限られているので、チーム全体が進化して、新たなチャレンジをみんなで実現していきたいですね。

AI 技術の可能性を追求し、
最先端の「顔認証技術」を社会実装したい

【データサイエンティスト／ 2019 年入社】
ソフトバンクならば 100％以上の力を発揮できる
ソフトバンクへの入社は、学生時代に参加した就労型インターンシップがきっかけ
でした。インターン中、会社や先輩方は学生だった私をひとりの〝社員〟として迎
えてくれ、能力を見込んで責任あるタスクを任せ、成果を的確に評価してくれたので
す。ソフトバンクのオープンでフラットな風土を実際に体験し、私は「この環境なら、
100％以上の力を発揮して成長できる」と実感。ソフトバンクの一員となって最先
端の AI 技術を社会実装し、社会に貢献したいと考えるようになりました。
AI エンジニア 1 年目は、基礎を身に付ける「下積み期間」でした。どんなに優れた
AI 技術があったとしても、その価値を社会に届けるためには、エンジニアリングの
スキルが必要不可欠。そこで実務に携わりながら、先輩のフォローの下で Web の基
礎知識をはじめ、開発言語の Python やサーバー構築に用いる Docker や Ansible、
機械学習ライブラリーの PyTorch など、さまざまなスキルを徹底的に勉強していき
ました。多彩な人材が集まるソフトバンクと言えど、「研究者」と「エンジニア」の
両軸を持つ人間はそう多くはいませんので、この 1 年でその土台を築けたことは本
当に大きかったですね。

入社 2 年目で「ソフトバンクイノベンチャー」にも挑戦
ソフトバンクの経営陣は「AI 技術はソフトバンクの宝になる」とよく話しています。
実際、新卒採用選考の動画面接の評価や、社内手続きの問い合わせ用のチャットシス
テムなど、いたるところで AI システムが活用されています。とはいえ AI 開発の体制
強化は始まったばかりで、機械学習用のアセットの拡充など、改善点も少なくありま
せん。
そこで私は入社 2 年目から社内の AI エンジニアや同じ志を持つ人事やデザイナーな
ど計 5 名でチームを組み、「自分たちの手でより良い開発環境を作っていこう」と考
え、社内起業制度「ソフトバンクイノベンチャー」にエントリー。本業と兼務して、
AI プロダクト開発に欠かせないデータ作成・収集を効率化するアプリの開発をスター
トしました。社歴や年齢に関係なく、能力とやる気次第でこうしたアクションを起こ
せる社風は、インターンで感じた以上に柔軟で、やりがいに満ちています。
また、普段の業務では関わりがない社員ともこのようにチームを組んで仕事をできる
ことも、制度の良さですね。
2020 年 7 月には、東京大学などと設立した、世界最高レベルの人と知が集まる
「Beyond AI 研究推進機構」において共同研究を開始。私の個人的な目標は、ここで
の研究に携わり、人種や性別に左右されない「差別のない顔認証技術」を開発するこ
とです。そして優れた AI 技術を社会に実装し、世界中の労働コストを削減して幸福
度が高いより便利な社会を実現していきたいですね。

携わる案件により視野が世界に広がる
新卒1年目からJVの設立に携わる

【事業開発／2017年入社】
情報格差をなくしたい。バックグラウンドから生まれた問題意識

私はタイやシンガポールで暮らした期間が長く、そこで情報格差の問題を体感してきました。携帯電話などのモバイル端末を持っている人は多いですが、端末を持っていてもインターネットにつながっていない人が多くいます。ツールはあるのに情報を受け取れない人をどうやって助けたら良いかを考えたとき、インターネットが通じない地域に衛星通信でインターネットを届ける技術を開発しているOneWeb（ワンウェブ）という企業を知り、とても魅力的に感じました。端末とインターネットさえあれば、情報を届けられるし、そこから教育にもつなげられると考えています。OneWebにはソフトバンクグループが出資していると知り、面白そうだ、私もこれに携わりたいと思い、ソフトバンクに入社しました。

今ソフトバンクは、最先端テクノロジーや革新的なビジネスモデルを有する、ソフトバンク・ビジョン・ファンドの出資先海外企業などとのJVを次々と日本で設立しています。私のチームではそれらの企業がソフトバンクと組んだときに、日本市場で成功できるか否かを企業ごとに調査・分析しつつ、実際に日本でスタートする事業の立ち上げまでの実務オペレーションをサポートします。日本での事業展開はJV設立が主軸ですが、子会社の設立や、プロダクトの販売ライセンス契約などもあり、その検討プロセスや契約締結に向けた提案、サポートを行っています。

パッションとプロフェッショナリズムを身に付けたグローバル人材になる

今はまだ規模が小さくても、将来的に私たちの生活を大きく変えうるサービスが、世界各国で数多く誕生していると思います。私がソフトバンクでチャレンジしていきたいことは、まだ世の中に知られていないけれど、大きな可能性のある企業やサービスを世界中から発掘して、日本に限らず世界で必要不可欠となるサービスとして提供することです。今の私は、ソフトバンク・ビジョン・ファンドの出資先企業が有する最先端の技術や革新的なビジネスモデルを日本に取り込むことを推進しながら、孫の描いているビジョンを想像し、経験を積んで情報を吸収している段階。この先の自分を考えたときに、どんどん勉強して、知識をつけて、いろんなフィールドに触れたいと思っています。そして、3年後には自分の好きなものを見つけて、そのプロフェッショナルになりたい。「この人に聞けば分かる」と認知してもらえる、自分のフィールドを見つけたいです。そして、海外に出て自分のスキルを生かしながら、もっといろんな人に会ったり、違うカルチャーを学んだりしていきたいと思っています。

私と同じような帰国子女の方の中には、「すぐに海外で働きたい」と考える方もいるかもしれません。でも、私は、日本人だからこそ日本の文化やビジネスを知らないと、海外に行っても活躍できないと思っています。まずはソフトバンクで日本の考え方についての知識や理解を蓄積しつつ、パッションとプロフェッショナリズムを身に付けて自分の価値を高めていきたいです。これから5年をかけて、自分が描いている本当のグローバル人材になりたいという気持ちがあります。

採用企業	ソフトバンク株式会社
雇用形態	正社員 ※契約期間の定めなし　※試用期間あり（3ヵ月）
募集職種	総合職 　　変化に富んだ事業環境で、領域を定めず幅広い分野 　　で事業を推進 　　※文理問わず，みなさんの経験，情熱を発揮できる場所で活躍 　　　していただきます アソシエイト職 　　営業、企画、管理、技術など各部門における企画・ 　　立案、社内外調整、業務改善などの提案型サポート 販売職（ソフトバンク クルー） 　　各種移動通信サービスおよびブロードバンドサービ 　　スの提案・販売など
応募資格	総合職 総合コース 　　2025年3月末までに国内外の大学院、大学を卒業・ 　　修了（見込み）の方 総合職 エンジニアコース 　　2025年3月末までに国内外の大学院、大学、高等 　　専門学校（本科、専攻科）を卒業・修了（見込み）の方 アソシエイト職／販売職（ソフトバンク クルー） 　　2025年3月末までに国内外の大学院、大学、短期 　　大学、専門学校、高等専門学校（本科、専攻科）を卒 　　業・修了（見込み）の方 　　※入社時30歳未満の方 　　※2025年4月から2025年9月までに、海外の大学・学校を 　　　卒業・修了見込みの方は、10月1日の入社で調整しますの 　　　でお問い合わせください。
募集学科	文理とも，全学部・全学科

勤務予定地	総合職 ・本社：東京 ・全国各地（札幌・仙台・東京・名古屋・大阪・広島・福岡 など） ※ 全国・海外転勤あり アソシエイト職 ・東京 ・各事業所：首都圏、札幌、宮城、静岡、名古屋、関西、広島、福岡 ※ 全国・海外転勤なし 販売職（ソフトバンク クルー） 採用ブロック内の直営店・販売店での勤務 （全国7ブロック：北海道、東北、関東・上信越、東海・北陸、関西、中国・四国、九州） ※ 初期配属以降，ブロック内転勤の可能性あり
給与	総合職 高専卒（本科）：月給245,000円〜 大　卒・高専卒（専攻科）：月給255,000円〜 修士了：月給276,200円〜 博士了：月給286,800円〜 ※卓越した能力、高度な技術や実績をお持ちの方で、それらを入社後の実業務において発揮できると認められる場合は、上記の給与に関わらず個別設定することがあります アソシエイト職 月給：217,000円 販売職（ソフトバンク クルー） 月給：218,000円 全職種2023年度見込み ※自己成長支援金（10,000円）、WorkStyle支援金（4,000円）を含む ※営業職に支給するインセンティブは除く
昇給	年1回（原則）
賞与	年2回 ※年間標準賞与5カ月＋特別加算賞与（業績により支給）

勤務時間	総合職／アソシエイト職 　　原則、午前9時〜午後5時45分（実働7時間45分 　　＋休憩時間 原則正午〜午後1時までの1時間） 　　※ スーパーフレックスタイム制（コアタイム無し） 　　※ 勤務間インターバル制度 　　※ 一部、例外部署もあり（所定労働勤務・シフト勤務・交替 　　制勤務など） 　　※ 時間外労働あり 販売職（ソフトバンク クルー） 　　シフト勤務(原則として実働7時間45分＋休憩時間1時間) 　　※ 時間外労働あり
休日休暇	週休2日制（年間休日数 124日／2023年度）、年次有給休暇、慶弔休暇、リフレッシュ休暇、産前産後休暇、育児休業、配偶者出産休暇、キッズ休暇、介護休暇、介護休業、看護休暇、ボランティア活動休暇、ドナー休暇、ノーマライゼーション休暇（障がいのための通院休暇）、会社が指定する日（4／30〜5／2のうち1日）など
諸手当	総合職／アソシエイト職 　　割増手当（時間外勤務手当、深夜勤務手当、休日勤 　　務手当）、通勤手当、新卒住宅補助 など 販売職（ソフトバンク クルー） 　　販売職地域手当 月額5,000円 　　（次の都府県に居住する場合：東京都、神奈川県、千 　　葉県、埼玉県、愛知県、京都府、大阪府、兵庫県） 　　割増手当（時間外勤務手当、深夜勤務手当、休日勤 　　務手当）、通勤手当、新卒住宅補助 など
福利厚生	財形貯蓄、従業員持株会、慶弔見舞金、確定拠出年金制度／確定給付年金選択拠出制度、育児支援制度、福利厚生サービス会社（ベネフィット・ワン）提携、ソフトバンクおよびグループ会社向けの優待 など
研修制度	能力開発体系に基づく研修（新任管理職層研修、各種スキル研修、英語・統計・テクノロジー研修、その他eラーニングを活用した多様なプログラム）、OJT など
保険	健康保険, 厚生年金, 雇用保険, 労災保険完備
その他	各キャリア開発支援制度（社内公募、資格取得支援など）、パソコン・スマホ・タブレット貸与（弊社規定による）、Yahoo!BB社員モニタ制度、永年勤続表彰、副業（許可制）など

✔ 採用の流れ （出典：東洋経済新報社『就職四季報』）

エントリーの時期	【総・技】ユニバーサル採用のため通年採用
採用プロセス	【総】ES提出→動画面接→適正検査→面接（複数回）→内々定 【技】〈1〉ES提出→動画面接→適正検査→面接（複数回）→内々定　〈2〉エンジニア筆記→適正検査→面接（複数回）→内々定 ※２プロセスから選択
採用実績数	（下表参照）

	大卒男	大卒女	修士男	修士女
2022年	183	134	230	33
2023年	129	112	230	39

✔2023年の重要ニュース _(出典：日本経済新聞)

■ソフトバンク、学校の授業動画を教員間で共有（3/25）

　ソフトバンクは教育現場のデジタルトランスフォーメーション（DX）を支援する事業を始める。奈良教育大学と連携し、教員が動画共有サービスを活用して授業準備などをできるようにする。長時間労働や人材不足が要因となり授業の質の低下が危惧されるなか、動画を使い授業のノウハウなどを効率よく共有することで、教員の質の向上を目指す。

　奈良教育大と連携し、ソフトバンクが法人向けに提供する動画共有サービス「ビジュアモール　ムービーライブラリ」を活用する。まずは3月から大学の教員課程を受講する学生にサービスを使用してもらい、4月から一部の奈良県内の公立小中高に導入し広げていく計画だ。

　動画共有サービスを使い、授業の様子や研修の動画を教員や学校間で共有できる環境整備を進める。教育現場では、自分の授業を振り返る機会が欲しいという声や、自分以外の教員の様々な授業を見て勉強したいという要望が強いという。

　サービスでは動画の保存や共有が簡単にでき、動画投稿サイトのような画面上で視聴数やコメントを確認することも可能だ。視聴数などを参考にして、質の高い授業を実施している先生の動画を容易に探すこともできる。

　外部からはアクセスできないようセキュリティー面でもサポートする。スマートフォンでも視聴でき、授業や研修の様子を動画化することで、いつでもどこでも学べるようにする。

　奈良県立教育研究所が教員現場の環境課題について調査したところ、勤務時間外に先生が最も長時間を費やしているのが「授業や学級活動の準備」だ。教員が力を入れたい活動のトップも「授業や学級活動の準備」となっているが、研修や勉強の機会がとれず、参考となる資料や教えてくれる人もいないという意見が多いという。

　政府は「GIGAスクール構想」を掲げ、全国の小中学生1人につき、1台の学習用端末を配備し、校内にネットワーク環境を整備する計画だ。新型コロナウイルス禍で各学校のIT（情報技術）環境の整備の遅れが露呈し、計画の実現目標を前倒しで進めている。一方で、教育現場の環境整備はまだまだ十分でないという指摘も多い。ソフトバンクはこうした需要を取り込みたい考えで、奈良県との取り組みでサービスのノウハウを固め、全国の学校で導入を目指す考えだ。

　ソフトバンクの2023年3月期は法人事業の拡大などで、モバイルなどを含むコンシューマ事業の売上高に占める割合が初めて5割を切る見込みだ。通信量

の値下げの影響で本業のモバイル事業が苦戦するなか、非モバイル事業の拡大は重要な課題となっている。ソフトバンクの今井康之副社長は「法人事業のDX化はどの産業でも迫られており、成長余力のある分野だ」と強調しており、教育現場でのDXにも今後力を入れる考えだ。

■ソフトバンク、携帯事務手数料を値上げ　6月から（4/26）

　ソフトバンクは26日、携帯電話の機種変更の際などにかかる事務手数料を値上げすると発表した。一律で3300円を6月1日から3850円とする。電気料金や人件費の高騰が通信各社の経営を圧迫しており、KDDIも3月末に値上げを発表している。

　ソフトバンクが引き上げるのは新規契約や機種変更、SIMカードの再発行時などにかかる事務手数料。ソフトバンクと、割安ブランドのワイモバイルが対象となる。ネット経由の申し込みは、これまでと変わらず事務手数料は無料としている。

　KDDIは3月、2200〜3300円だった事務手数料を一律3850円に引き上げると発表した。

■ソフトバンクが生成AI開発　企業に提供、スパコンも整備（6/29）

　ソフトバンクグループ（SBG）の国内通信子会社ソフトバンクは生成AI（人工知能）を独自開発する。開発にあたりスーパーコンピューターも整備する。まず金融や医療などの専門知識を学ばせる分野特化型として企業向けに数年内に提供を始める。NTTも同様の生成AIを開発中だ。用途を絞って企業向けに提供する事業モデルが日本企業に広がり始めた。

　生成AIの開発にあたり、スパコンに相当する計算基盤を200億円投じて整備する。米エヌビディアのGPU（画像処理半導体）を搭載し、国内企業ではトップ級の能力とみられる。最先端のAI開発では膨大なデータの学習などに高性能の計算インフラが欠かせない。

　2023年度中にもスパコンを使って、独自生成AIの開発を本格的に始める。生成AIは企業向けの提供を想定。まずはコールセンター業務に導入する生成AIの開発を進め、専門知識を必要とする金融や医療といった分野特化型の生成AIの開発を目指す。

　ソフトバンクは既に生成AIの基盤となる「大規模言語モデル」の開発を進めている。性能の指標となるパラメーター数は10億程度で、まずは早期に600億程度まで引き上げることを目標にしているもよう。

✔2022年の重要ニュース（出典：日本経済新聞）

ソフトバンクG、移動式PCRで1日300件検査（2/7）

　ソフトバンクグループ子会社のSB新型コロナウイルス検査センター（東京・港）は7日、トラックによる移動式の新型コロナPCR検査を始める準備ができたと発表した。学校やイベント会場に派遣する。1台で1日376件を検査し、2月中に3台まで増やす。現在、民間企業による自治体をまたぐ移動式PCR検査は認められておらず、政府の規制改革を待って実用化する。

　トラックには検査スタッフが2人乗り、PCR検査機器を2台搭載する。車外の特設スペースなどで唾液検体を採取。車内で処理し、最短で2時間半後に結果が出る。結果はスマートフォンの専用アプリに通知する。これまでも同社は検体を千葉県市川市などの検査拠点に集めて処理していたが、結果が出るのは検体が検査拠点に到着した当日か翌日で、検体輸送の時間もかかっていた。

　検査費用は1検体あたり2200円にトラックの燃料費などの実費が加わる。まずは自治体から学校や高齢者施設など向けに検査を受注し、その後法人からも受託する。検査体制が脆弱な山間部や過疎地での需要も見込む。

　現行の法規制では、コロナのPCR検査を担う民間企業は所在する自治体に登録が必要で、他の自治体に移動するかたちの検査ができない。SB新型コロナウイルス検査センターは移動式検査を認めるよう政府に提言しており、厚労省や自治体と規制緩和を協議しているという。

■ソフトバンク、容量2倍の次世代電池を26年商用化へ（3/6）

　ソフトバンクは2026年にも、現行のリチウムイオン電池と同じ重さで電気容量が2倍程度となる次世代電池を商用化する。より軽量で高い蓄電性を実現でき、例えば物流ドローン（小型無人機）に搭載すれば積載する荷物を増やせる。まずはソフトバンクが事業化を目指す、通信基地局となる無人航空機「空飛ぶ基地局」で採用を予定し、他の産業用途向けも順次広げたい考え。

　ソフトバンクはスタートアップの米エンパワー・グリーンテックやオーリブ（東京・江東）など、電池の素材や設計、製造技術をもつ50社や約10の研究機関・大学と連携して研究開発を進めてきた。21年3月には米エンパワーと共同で、負極に現在主流の黒鉛ではなくリチウムを使う次世代電池「リチウム金属電池」の実証に成功した。

　蓄電性能を示す「重量エネルギー密度」は1キログラムあたり400～500ワッ

ト時級で、ソフトバンクによると、米電気自動車（EV）大手テスラが採用し完成車に搭載している既存の電池などと比べて 1.5 ～ 2 倍程度になる。24 年末までに電気をためる中核部材「セル」を開発し、多数のセルや周辺部品で構成する「電池パック」と呼ぶ大型ユニットの供給を 26 年以降に始める。

まずは自社利用を想定する。ソフトバンクは 26 年以降に「HAPS（高高度疑似衛星）」と呼ぶ、無人航空機による通信サービスを世界で始める計画。この無人機に次世代電池の搭載を予定する。

同社は提携先に研究開発資金を拠出し、技術特許の共同保有などを進めている。OEM（相手先ブランドによる生産）で製造し、特許料で収益を得るモデルを模索しているようだ。他の産業用途での採用も目指す。例えば物流を担うドローンに搭載すれば、現行の機種より飛行時間を延ばせるなどのメリットが期待できる。

蓄電能力の高い次世代電池は EV の普及や脱炭素の流れを追い風に需要が拡大するとの見方が大きい。世界市場規模は 28 年までに 2 兆 5000 億円に達するとの試算もある。

■ソフトバンク、月 5000 円で来店予測　AI が人流分析（5/2）

ソフトバンクは小売りなど実店舗の集客に生かせるビッグデータを低価格で提供する。人流データや気象データを人工知能（AI）で分析するサービスを 2022 年度にも月額 5390 円で始める。同様のサービスでは月額 10 万円以上するケースが一般的だった。ビッグデータ分析の低価格化で、中小事業者にも実店舗でデジタル技術の活用を促す。

ソフトバンクは 1 月から、「サキミル」という名称で一部の大企業に限定して人流データの分析サービスを提供している。22 年度内にも中小事業者も含む法人顧客向けに本格的に営業を開始する。分析工程を自動化して低コスト化し、業態ごとにカスタマイズする手間を省いたことが特徴だ。

ソフトバンクの携帯電話基地局で得られる約 3000 万台の携帯端末の位置情報をもとに生成した人流データを、集客目的などで手軽に分析できるようにする。

日本気象協会が提供する 14 日先までの気象予報データを組み合わせる。気温や風速など 7 項目が対象で、自社の店舗周辺の人の流れを予測できる。各店舗ごとの来店実績や販売データを入力することで、天候や気温などとの相関を AI が分析し、来店者数を予測する。

21 年 3 月にドラッグストアの店舗で実施した実証実験では、予測数と実際の来店者数の誤差は平均で 7% だった。性別、年代、地域外からの来訪者か周囲の居住者かも把握できる。

✔2021年の重要ニュース （出典：日本経済新聞）

■小米、日本で低価格5Gスマホ　ソフトバンクで販売（2/2）

　中国スマートフォン大手の小米は2日、2月下旬以降に日本国内で高速通信規格「5G」に対応した低価格帯スマホを発売すると発表した。ソフトバンクを通じて「Redmi Note 9T」を販売する。価格は税別1万9637円。3眼カメラを搭載し、暗い場所や至近距離など様々な場面で写真を撮れる。価格と性能をともに重視する消費者の需要を狙う。

　Redmi Note 9Tは国内ではソフトバンクが独占販売する。非接触IC「フェリカ」に対応している。約4800万画素のレンズと約200万画素のレンズ2つの3眼カメラを搭載する。4G対応の入門機として「Redmi 9T」も発売する。人工知能（AI）機能を搭載した4眼カメラを搭載し、ボケを生かした本格的な写真などが撮れる。価格は税別1万5900円。

　小米は2日にスマホ以外の機器も発表した。スマートウオッチ2機種を2月以降に発売する。心拍数や血中酸素濃度などを確認し、生活習慣の改善などに役立てられる。「Mi Watch」の価格は税別1万1800円。より低価格な「Mi Watch Lite」は同6800円で発売する。

■ソフトバンク、オンライン診療参入　5G活用（4/10）

　ソフトバンクは9月までにオンライン診療事業を始める。スマートフォン向けの専用アプリ上で、医師がビデオ通話を利用し遠隔で診療する。高速通信規格「5G」を組み合わせた診療の普及を目指す。

　グループ会社のヘルスケアテクノロジーズ（東京・港）が事業を運営する。2020年7月からオンラインの健康相談サービスを企業や自治体向けに提供しており、これに医師による診療を加える。医師の手配やシステム構築などでは他社との連携も検討しているようだ。

　ソフトバンクは新型コロナウイルス感染の有無を調べるPCR検査も展開している。1つのアプリ上ですべてのサービスを受けられるようにする計画だ。健康相談サービスの現在の利用者数は公表していないが、21年度内に数十万人の利用を目指している。

　ソフトバンクは20年春に商用サービスが始まった5Gの通信網整備を急ピッチで進めている。オンライン診療では高精度な画像のやり取りが求められる。自社で通信網を持つ立場を生かし、適切なサービス運営を模索する考えだ。

ソフトバンクでは、子会社 Z ホールディングスと 3 月に経営統合した LINE が 20 年 12 月にオンライン診療を手掛けている。ただ、LINE のサービスは消費者向けだ。別々に事業を展開するもようだ。

コロナ下での遠隔サービスの需要の高まりを受け、厚生労働省は対象疾患の制限をなくすなどオンライン診療の規制を緩和した。

ただ、現状では利用する医療機関は限定的だ。厚労省によれば 20 年 4 〜 9 月にオンラインで初診を実施した施設は全国の医療機関の 1％ 未満だった。対面診療に比べ医療機関が得る報酬が減ることや、医療現場のデジタル化が遅れていることが背景だ。電子カルテの普及率は 4 割と米国の半分にとどまる。

■ソフトバンク、10 月末までに「5G」人口カバー率 80％に（9/14）

ソフトバンクは 14 日、10 月末までに高速通信規格「5G」に対応する通信基地局を全国 2 万カ所に設置することで、通信サービスの提供範囲を示す「人口カバー率」を 80％ にすると発表した。動画コンテンツや SNS（交流サイト）の普及で、大容量のデータをスマートフォンで閲覧する需要は増えている。高速通信ができる環境の整備を急ピッチで進める。

ソフトバンクが 14 日に開いた新サービス発表会で、5G 通信の進捗状況を説明した。足元では計 1 万 4000 超の 5G の基地局を設置した。2022 年春には 5 万局に増やし、人口カバー率を 90％ にする計画だ。人口カバー率は通信サービスを利用可能な人口の目安を示す指標として、通信各社が採用している。

21 年度末までに、競合する NTT ドコモは 5G 通信エリアの人口カバー率を 55％、KDDI は 90％ にする方針を示している。ソフトバンク常務執行役員の関和智弘氏は「対応エリアが広がり、（同社の）5G のデータ通信量は 8 月に 20 年 8 月の 200 倍に増えた。様々なコンテンツをより快適に使ってもらえるようにしたい」と話す。

5G の普及を念頭に、人気のあるコンテンツも使いやすくする。データ容量が無制限の通信契約（月額 7238 円）の利用者を対象に、動画配信サイト「ユーチューブ」の有料プランを通常料金より 2 〜 4 割安い月 880 円で提供する。契約するとユーチューブの動画を保存したり、広告なしで閲覧したりできる。

今後は各スポーツや音楽ライブとデジタル技術をかけ合わせるなどして、提供できるコンテンツを増やしていく。ソフトバンクグループ（SBG）が投資する世界の IT（情報技術）企業との連携も視野に、「グループ全体で世界中から魅力的なコンテンツを取り入れ、逐次展開したい」（ソフトバンクの榛葉淳副社長）と説明する。

✔ 就活生情報

内定後にskype 面談があり，面接時に評価したところを教えてくれたり，こちらの質問に答えてくれたりしました。

総合職（エンジニアコース）2020卒

エントリーシート
・形式：ナビサイト（リクナビなど）から記入

筆記試験
・形式：Webテスト
・課目：数学，算数／国語，漢字／性格テスト／理工系専門試験
・内容：SPI とコーディングテスト

面接（個人・集団）
・雰囲気：普通
・内容：インターンルートなのでインターンの感想・振り返り／企業選び
・の軸／入社後どんな仕事に携わりたいかについて

内定
・通知方法：電話

● その他受験者からのアドバイス

・自己分析をする。

気になる企業があれば是非2週間以上のインターンシップに。企業によっては選考も有利に進み，面接での志望動機にも説得力が増します。

総合職 2020卒

エントリーシート
・研究内容もしくは勉強してきた内容（自らの役割を交えて）。音声認識・画像認識プログラム，機械・ロボ・電子機器，アプリ，サーバーなどの実際の成果物等（数値的成果や公開先，成果物を確認できるURL があれば尚良い）。これまで大会やコンテストでの受賞歴があれば詳しく。

セミナー
・選考とは無関係
・服装：まったくの普段着
・内容：孫会長の講演。セミナーというよりソフトバンクグループが今後どのような方向に進んでいくかという話。

筆記試験
・形式：Webテスト
・課目：数学，算数/ 国語，漢字/ 性格テスト
・内容：SPIテストセンター

面接（個人・集団）
・簡単な自己紹介と志望理由，学生時代に力を入れたこと。またインターンで活かせた自分の強みなどの深堀り。最近のソフトバンクに関するニュースを聞かれた人もいた。企業理念やソフトバンクバリューを意識しながら，相手に自分を理解してもらうことを心がけるといいと思う。

内定
・通知方法：電話
・・内定承諾期間は1か月。

◎ その他受験者からのアドバイス
・インターンに参加すると大学の偏差値が高くなくても入りやすくなる。とにかく早く就活を始めること。ソフトバンクはバリューを大切にするので，面接でバリューに合致していないと感じるとつっこまれるか落とされるので理念とバリューは意識して面接に挑んでほしい。

面接は全体的には話しやすい雰囲気でしたが，全体的に深掘りされることが多かったかと思います。

エンジニア職 2019卒

エントリーシート
・提出期日は，1月28日
・提出方法は，マイページ上で
・結果通知時期は，2週間以内
・結果通知方法は，メールで

筆記試験
・実施場所は，自宅
・試験科目は，プログラミング（言語は選択できる）
・問題数は20問くらい　制限時間は40分

面接（個人・集団）
・質問は．自己紹介，研究内容とそれについての深堀，研究とソフトバンクの結びつき，会社に入ってやりたいこととそれについての深堀，今までNo.1だと思ってやったこと，他に頑張ったこと2つくらい，インターンシップ経験，その中での役割，逆質問　等

内定
・内定時期は，4月下旬
・承諾検討期間は，5月末

● その他受験者からのアドバイス
・最初緊張しすぎて早口だったのと，論点がだんだんとずれてしまったような気がした。面接官が私の考え方について，褒めてくれることが多く嬉しかった。また，最後の逆質問は2問ともいい質問だったようで，好感触だった。

企業情報は，ネットなどの情報を鵜呑みにせず，自分の目で見て，自分の信念を貫きましょう。

販売職 2018卒

エントリーシート

・志望動機
・趣味
・学生時代頑張ったこと
・形式は，採用ホームページから記入

セミナー

・選考との関係は，筆記や面接などが同時に実施される，選考と関係のあるものだった
・服装は，リクルートスーツ
・内容は，人事の方による会社説明とグループ面接

筆記試験

・形式は，Webテスト
・課目は，数学，算数／国語，漢字／性格テスト／一般教養・知識
・内容は，webテスト
・国語，数学，推論など

面接（個人・集団）

・アルバイトの経験
・希望勤務地
・長所短所
・周りからどのような人だと言われているか

内定

・拘束や指示は，他社の選考は辞退するようにと口頭で言われている。
・通知方法は，採用HP のマイページ

▶ その他受験者からのアドバイス

・よかった点は，連絡が速く，次の行動に移しやすかった。
・よくなかった点は，HP の社員紹介のコーナーに販売職の方のメッセージがなく不安になった。

面接を受けていくうちに，学生のことをよく考えて
くれる会社だと感じました。

総合職 2018卒

エントリーシート

・ソフトバンクバリューの中で強みと合致する項目とその強みを発揮して成し遂
　げたエピソード
・30年後，世界の人々にもっとも必要とされるテクノロジーやサービスは何か。

セミナー

・選考との関係は，無関係だった
・服装は，きれいめの服装
・内容は，事業説明のみの非常に簡易なものだった

筆記試験

・形式は，Webテスト
・課目は，数学，算数／国語，漢字／性格テスト
・内容は，SPI

面接（個人・集団）

・雰囲気は，普通
・質問内容は，志望動機
・学生時代頑張った事
・健康状態

内定

・通知方法は，電話

● その他受験者からのアドバイス

・よかった点は，採用フローや選考結果の日程を事前に伝えてくれた。
・透明性が高く非常に好感度が上がった。
・よくなかった点は，企業の採用というよりは，早期選考を利用して，選考
　の練習をする学生も多く，志望度が低い学生や練習として受けている学生
　に非常に嫌悪感を感じ

最初のイメージと良い意味でかなり異なっていた。
チャレンジングな人にはかなりオススメ。

技術総合職 2018卒

エントリーシート

・内容は，研究内容とその経験をどうソフトバンクに生かすか
・研究の成果物の説明
・統計的知識の有無
・形式は，採用ホームページから記入

セミナー

・選考との関係は，無関係だった
・服装は，リクルートスーツ
・内容は，合説で軽く聞いた程度
・ホームページの動画で正直十分

筆記試験

・形式は，Webテスト
・課目は，性格テスト／一般教養・知識
・内容は，SPI

面接（個人・集団）

・雰囲気は，和やか
・質問も自然な形で掘り下げて貰えるので，自然体で臨むのが良いと思う。
・回数は，3回

内定

・拘束や指示は，6月までには決めて欲しいと言う旨はあったが，それ以外　は
　特になし。
・通知方法は，電話
・タイミングは，予定通り

● その他受験者からのアドバイス

・ESから1次面接までの期間は長かったが，1次から3次までは2週間
・弱とスムーズ。内定が出るまでは1週間ちょっとかかった。
・採用担当も全体的に非常に対応が良く，やりやすかった。内面をしっかり
　と見極めようとしているように感じた。

総合職（総合コース） 2017卒

エントリーシート

・その達成のためにあなたならソフトバンクでどんなことに挑戦したいか。
・ソフトバンクバリューの5つの項目（逆算，挑戦，スピード，挑戦，執念）の中で，あなたの強みと合致する項目を教えてください。
・形式は，採用ホームページから記入

セミナー

・選考との関係は，無関係だった

筆記試験

・形式は，Webテスト
・課目は，数学，算数／国語，漢字／性格テスト
・内容は，一般的なテストセンターのSPI

面接（個人・集団）

・雰囲気は，和やか
・質問内容は，学生時代に何をしてきたか，どうしてそう考えそれをするに至ったか，就活状況はどんなか，ソフトバンクに入って何がやりたいのか，ノルマが厳しいが大丈夫かなど

● その他受験者からのアドバイス

・悪いことも含めて，質問したことに対して，明確にありのままを教えてくれた
・人事の人数に対して，応募者が多すぎて，面接の予約がなかなか取れなかった

大企業とか年収とかで会社を選ぶのではなく，自分がやりたい事，できる事，すべき事の3つが重なる仕事を見つけて下さい。

総合職（営業コース） 2017卒

エントリーシート

・内容は，ソフトバンクバリューと合致する自分の強みについて，エピソードも踏まえて，ソフトバンクに入ってなにをしたいかなど形式は，採用ホームページから記入

筆記試験

・形式は，マークシート
・課目は，数学，算数／国語，漢字／性格テスト
・内容は，SPI

面接（個人・集団）

・雰囲気は，普通
・質問内容は，学生時代頑張ったこと，志望理由，辛いけど乗り越えたエピソード，周りからどんな人と言われるか
・回数は，2回

グループディスカッション

・携帯電話の使用に年齢制限を設けるべきか

内定

・通知方法は，電話

自分がなぜこの業界を選んだのか，はっきりと答えられるようにしておきましょう。

販売職 2017卒

エントリーシート

- 内容は，これまでの経験の中で，あなたの強みを発揮して成し遂げたエピソード
- 形式は，採用ホームページから記入

セミナー

- 内容は，マイページにある，Web説明会を視聴した。
- 業界説明，選考の流れなど

筆記試験

- 形式は，Webテスト
- 課目は，数学，算数／国語，漢字／性格テスト／一般教養・知識
- 内容は，テストセンターに行って，Webテストを受けた

面接（個人・集団）

- 雰囲気は，和やか
- 質問内容は，なぜこの業界を志望したのか，学生生活の中で頑張ったこと，
- 苦労したことと，そのときどう乗り越えたか，部活動についてなど
- 回数は，2回

内定

- 通知方法は，電話

● その他受験者からのアドバイス

- よかった点は，和やかな雰囲気で，行われた。
- 一次面接はskypeによる面接だった。
- 最終面接でも，回答のしやすい雰囲気であった。

自分はかなり遅い時期で内定いただきましたので，最後までに諦めずに頑張ってください。応援しています。

総合職 2017卒

エントリーシート
・形式は，ナビサイト（リクナビなど）から記入

セミナー
・選考との関係は，無関係だった
・内容は，Web説明会 半時間ぐらい

筆記試験
・課目は，数学，算数／国語，漢字／性格テスト
・内容は，テストセンターのSPI

面接（個人・集団）
・雰囲気は，和やか
・質問内容は，学生時代頑張ったこと，研究内容，企業を選ぶポイント，
・なぜソフトバンクか

内定
・通知方法は，電話

● その他受験者からのアドバイス
・面接官は本当に学生のことを理解しようとしていると感じた
・結果の知らせは少し遅い

✔ 有価証券報告書の読み方

01 部分的に読み解くことからスタートしよう

　「有価証券報告書（以下，有報）」という名前を聞いたことがある人も少なくはないだろう。しかし，実際に中身を見たことがある人は決して多くはないのではないだろうか。有報とは上場企業が年に１度作成する，企業内容に関する開示資料のことをいう。開示項目には決算情報や事業内容について，従業員の状況等について記載されており，誰でも自由に見ることができる。

　一般的に有報は，証券会社や銀行の職員，または投資家などがこれを読み込み，その後の戦略を立てるのに活用しているイメージだろう。その認識は間違いではないが，だからといって就活に役に立たないというわけではない。就活を有利に進める上で，お得な情報がふんだんに含まれているのだ。ではどの部分が役に立つのか，実際に解説していく。

■有価証券報告書の開示内容

　では実際に，有報の開示内容を見てみよう。

有価証券報告書の開示内容

第一部【企業情報】
　第１　【企業の概況】
　第２　【事業の状況】
　第３　【設備の状況】
　第４　【提出会社の状況】
　第５　【経理の状況】
　第６　【提出会社の株式事務の概要】
　第７　【提出会社の状参考情報】
第二部【提出会社の保証会社等の情報】
　第１　【保証会社情報】
　第２　【保証会社以外の会社の情報】
　第３　【指数等の情報】

有報は記載項目が統一されているため，どの会社に関しても同じ内容で書かれている。このうち就活において必要な情報が記載されているのは，第一部の第1【企業の概況】〜第5【経理の状況】まで，それ以降は無視してしまってかまわない。

02 企業の概況の注目ポイント

　第1【企業の概況】には役立つ情報が満載。そんな中，最初に注目したいのは，冒頭に記載されている【主要な経営指標等の推移】の表だ。

回次		第25期	第26期	第27期	第28期	第29期
決算年月		平成24年3月	平成25年3月	平成26年3月	平成27年3月	平成28年3月
営業収益	（百万円）	2,532,173	2,671,822	2,702,916	2,756,165	2,867,199
経常利益	（百万円）	272,182	317,487	332,518	361,977	428,902
親会社株主に帰属する当期純利益	（百万円）	108,737	175,384	199,939	180,397	245,309
包括利益	（百万円）	109,304	197,739	214,632	229,292	217,419
純資産額	（百万円）	1,890,633	2,048,192	2,199,357	2,304,976	2,462,537
総資産額	（百万円）	7,060,409	7,223,204	7,428,303	7,605,690	7,789,762
1株当たり純資産額	（円）	4,738.51	5,135.76	5,529.40	5,818.19	6,232.40
1株当たり当期純利益	（円）	274.89	443.70	506.77	458.95	625.82
潜在株式調整後1株当たり当期純利益	（円）	—	—	—	—	—
自己資本比率	（％）	26.5	28.1	29.4	30.1	31.4
自己資本利益率	（％）	5.9	9.0	9.5	8.1	10.4
株価収益率	（倍）	19.0	17.4	15.0	21.0	15.5
営業活動によるキャッシュ・フロー	（百万円）	558,650	588,529	562,763	622,762	673,109
投資活動によるキャッシュ・フロー	（百万円）	△370,684	△465,951	△474,697	△476,844	△499,575
財務活動によるキャッシュ・フロー	（百万円）	△152,428	△101,151	△91,367	△86,636	△110,265
現金及び現金同等物の期末残高	（百万円）	167,525	189,262	186,057	245,170	307,809
従業員数[ほか，臨時従業員数]	（人）	71,729 [27,746]	73,017 [27,312]	73,551 [27,736]	73,329 [27,313]	73,053 [26,147]

　見慣れない単語が続くが，そう難しく考える必要はない。特に注意してほしいのが，**営業収益**，**経常利益**の二つ。営業収益とはいわゆる**総売上額**のことであり，これが企業の本業を指す。その営業収益から営業費用（営業費（販売費＋一般管理費）＋売上原価）を差し引いたものが**営業利益**となる。会社の業種はなんであれ，モノを顧客に販売した合計値が営業収益であり，その営業収益から人件費や家賃，広告宣伝費などを差し引いたものが営業利益と覚えておこう。対して経常利益は営業利益から本業以外の損益を差し引いたもの。いわゆる金利による収益や不動産収入などがこれにあたり，本業以外でその会社がどの程度の力をもっているかをはかる絶好の指標となる。

■会社のアウトラインを知れる情報が続く。

　この主要な経営指標の推移の表につづいて、「会社の沿革」、「事業の内容」、「関係会社の状況」「従業員の状況」などが記載されている。自分が試験を受ける企業のことを、より深く知っておくにこしたことはない。会社がどのように発展してきたのか、主としている事業はどのようなものがあるのか、従業員数や平均年齢はどれくらいなのか、志望動機などを作成する際に役立ててほしい。

03 事業の状況の注目ポイント

　第2となる【事業の状況】において、最重要となるのは**業績等の概要**といえる。ここでは1年間における収益の増減の理由が文章で記載されている。「○○という商品が好調に推移したため、売上高は△△になりました」といった情報が、比較的易しい文章で書かれている。もちろん、損失が出た場合に関しても包み隠さず記載してあるので、その会社の1年間の動向を知るための格好の資料となる。

　また、業績については各事業ごとに細かく別れて記載してある。例えば鉄道会社ならば、①運輸業、②駅スペース活用事業、③ショッピング・オフィス事業、④その他といった具合だ。**どのサービス・商品がどの程度の売上を出したのか**、会社の持つ展望として、今後**どの事業をより活性化**していくつもりなのか、などを意識しながら読み進めるとよいだろう。

■「対処すべき課題」と「事業等のリスク」

　業績等の概要と同様に重要となるのが、「**対処すべき課題**」と「**事業等のリスク**」の2項目といえる。ここで読み解きたいのは、その会社の**今後の伸びしろ**について。いま、会社はどのような状況にあって、どのような課題を抱えているのか。また、その課題に対して取られている対策の具体的な内容などから経営方針などを読み解くことができる。リスクに関しては法改正や安全面、他の企業の参入状況など、会社にとって決してプラスとは言えない情報もつつみ隠さず記載してある。客観的にその会社を再評価する意味でも、ぜひ目を通していただきたい。

　次代を担う就活生にとって、ここの情報はアピールポイントとして組み立てやすい。「新事業の○○の発展に際して……」、「御社が抱える●●というリスクに対して……」などという発言を面接時にできれば、面接官の心証も変わってくるはずだ。

　最後に注目したいのが，第5【経理の状況】だ。ここでは，簡単にいえば【主要な経営指標等の推移】の表をより細分化した表が多く記載されている。この情報をすべて理解するのは，簿記の知識がないと難しい。しかし，そういった知識があまりなくても，読み解ける情報は数多くある。例えば**損益計算書**などがそれに当たる。

連結損益計算書

(単位：百万円)

	前連結会計年度 (自　平成26年4月1日 至　平成27年3月31日)		当連結会計年度 (自　平成27年4月1日 至　平成28年3月31日)	
営業収益		2,756,165		2,867,199
営業費				
運輸業等営業費及び売上原価		1,806,181		1,841,025
販売費及び一般管理費	※1	522,462	※1	538,352
営業費合計		2,328,643		2,379,378
営業利益		427,521		487,821
営業外収益				
受取利息		152		214
受取配当金		3,602		3,703
物品売却益		1,438		998
受取保険金及び配当金		8,203		10,067
持分法による投資利益		3,134		2,565
雑収入		4,326		4,067
営業外収益合計		20,858		21,616
営業外費用				
支払利息		81,961		76,332
物品売却損		350		294
雑支出		4,090		3,908
営業外費用合計		86,403		80,535
経常利益		361,977		428,902
特別利益				
固定資産売却益	※4	1,211	※4	838
工事負担金等受入額	※8	59,205	※8	24,487
投資有価証券売却益		1,269		4,473
その他		5,016		6,921
特別利益合計		66,703		36,721
特別損失				
固定資産売却損	※6	2,088	※6	1,102
固定資産除却損	※7	3,957	※7	5,105
工事負担金等圧縮額	※8	54,253	※8	18,346
減損損失	※9	12,738	※9	12,297
耐震補強重点対策関連費用		8,906		10,288
災害損失引当金繰入額		1,306		25,085
その他		30,128		8,537
特別損失合計		113,379		80,763
税金等調整前当期純利益		315,300		384,860
法人税、住民税及び事業税		107,540		128,972
法人税等調整額		26,202		9,326
法人税等合計		133,742		138,298
当期純利益		181,558		246,561
非支配株主に帰属する当期純利益		1,160		1,251
親会社株主に帰属する当期純利益		180,397		245,309

　主要な経営指標等の推移で記載されていた**経常利益**の算出する上で必要な営業外収益などについて，詳細に記載されているので，一度目を通しておこう。
　いよいよ次ページからは実際の有報が記載されている。ここで得た情報をもとに有報を確実に読み解き，就職活動を有利に進めよう。

✔ 有価証券報告書

企業の概況

（はじめに）

　本項目では，本書の判読性の観点から当社設立から現在に至るまで当社の変遷状況等について説明します。

[変遷図]

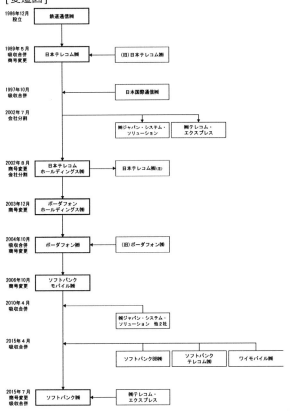

(point) 主要な経営指標等の推移

　数年分の経営指標の推移がコンパクトにまとめられている。見るべき箇所は連結の売上，利益，株主資本比率の3つ。売上と利益は順調に右肩上がりに伸びているか，逆に利益で赤字が続いていたりしないかをチェックする。株主資本比率が高いとリーマンショックなど景気が悪化したときなどでも経営が傾かないという安心感がある。

上記変遷図の通り，当社は設立以降複数回の企業再編を実施していますが，当社の実質上の存続会社は，太線枠の会社となります。

　そのため，本書において当社における過去の事象を記載する項目については，実質上の存続会社である太線枠の会社に係る事象について記載しています。

（注）　日本テレコム（株）は，2006年10月1日付で商号を「ソフトバンクテレコム（株）」に変更しました。また，同社は，2007年2月1日付でソフトバンクテレコム販売（株）との合併により消滅し，ソフトバンクテレコム販売（株）は，商号を「ソフトバンクテレコム（株）」に変更しています。

1　主要な経営指標等の推移

（1）　連結経営指標等 ··

回次		国際会計基準				
		第33期	第34期	第35期	第36期	第37期
決算年月		2019年3月	2020年3月	2021年3月	2022年3月	2023年3月
売上高	（百万円）	4,656,815	4,861,247	5,205,537	5,690,606	5,911,999
営業利益	（百万円）	818,188	911,725	970,770	965,553	1,060,168
税引前利益	（百万円）	746,113	811,195	847,699	858,011	862,868
親会社の所有者に帰属する純利益	（百万円）	462,455	473,135	491,287	517,075	531,366
親会社の所有者に帰属する包括利益	（百万円）	455,147	468,217	529,890	525,762	654,503
親会社の所有者に帰属する持分	（百万円）	1,498,157	1,000,546	1,535,723	1,960,621	2,224,945
資産合計	（百万円）	8,036,328	9,792,258	12,207,720	13,097,464	14,682,181
1株当たり親会社所有者帰属持分	（円）	312.95	211.03	327.69	416.51	470.24
親会社の所有者に帰属する基本的1株当たり純利益	（円）	96.60	99.27	103.85	110.04	112.53
親会社の所有者に帰属する希薄化後1株当たり純利益	（円）	95.91	97.94	102.66	108.18	111.00
親会社所有者帰属持分比率	（％）	18.6	10.2	12.6	15.0	15.2
親会社所有者帰属持分純利益率	（％）	32.8	37.9	38.7	27.3	25.4
株価収益率	（倍）	12.9	13.8	13.9	13.0	13.6
営業活動によるキャッシュ・フロー	（百万円）	965,526	1,249,535	1,338,949	1,215,918	1,155,750
投資活動によるキャッシュ・フロー	（百万円）	△586,272	△900,145	△511,295	△957,693	△154,773
財務活動によるキャッシュ・フロー	（百万円）	△429,158	△143,613	△388,462	△305,072	△495,260
現金及び現金同等物の期末残高	（百万円）	938,388	1,143,808	1,584,892	1,546,792	2,059,167
従業員数	（名）	23,059 (6,550)	37,821 (13,129)	47,313 (18,607)	49,581 (21,096)	54,986 (21,954)

(注) 1 第34期よりIFRS第16号「リース」を適用しています。IFRS第16号の経過措置に従い適用開始日による累積的影響を認識する方法を採用しているため、第33期については修正再表示していません。

2 第33期の連結経営指標等は、第34期に行われた共通支配下の取引（すべての結合企業または結合事業が最終的に企業結合の前後で同じ親会社によって支配され、その支配が一時的でない企業結合）を親会社の帳簿価額に基づき遡及修正した数値を記載しています。

3 第36期において、企業結合に係る暫定的な会計処理の確定を行っており、第35期の連結経営指標等については、暫定的な会計処理の確定の内容を反映しています。

4 共通支配下の取引として取得した子会社については、第37期より、非支配株主が存在する中で行われた共通支配下の取引について、取得法に基づいて会計処理する方法に変更し、当該会計処理を遡及適用しています。そのため、第36期の連結経営指標は、遡及修正後の数値を記載しています。詳細は、「第5経理の状況1連結財務諸表等連結財務諸表注記4. 会計方針の変更 (2) 共通支配下の取引に関する会計方針の変更および過年度連結財務諸表の遡及適用に伴う影響」をご参照ください。

5 百万円未満を四捨五入して表示しています。

6 従業員数欄の (外書) は、臨時従業員の年間平均雇用人員です。

(2) 提出会社の経営指標等 ···

回次		日本基準				
		第33期	第34期	第35期	第36期	第37期
決算年月		2019年3月	2020年3月	2021年3月	2022年3月	2023年3月
営業収益	(百万円)	3,245,268	3,257,789	3,407,542	3,339,776	3,226,319
経常利益	(百万円)	490,089	615,504	671,342	526,760	518,944
当期純利益	(百万円)	324,786	406,871	419,021	364,219	355,094
資本金	(百万円)	204,309	204,309	204,309	204,309	204,309
発行済株式総数	(株)	4,787,145,170	4,787,145,170	4,787,145,170	4,787,145,170	4,787,145,170
純資産額	(百万円)	939,403	948,485	881,528	865,387	839,657
総資産額	(百万円)	4,642,877	4,952,699	5,229,676	5,155,971	5,181,126
1株当たり純資産額	(円)	195.51	198.71	186.64	181.87	175.21
1株当たり配当額 (1株当たり中間配当額)	(円)	37.50 (−)	85.00 (42.50)	86.00 (43.00)	86.00 (43.00)	86.00 (43.00)
1株当たり当期純利益	(円)	67.85	85.37	88.57	77.51	75.20
潜在株式調整後 1株当たり当期純利益	(円)	67.36	84.23	87.57	76.69	74.55
自己資本比率	(%)	20.2	19.0	16.7	16.6	16.0
自己資本利益率	(%)	40.8	43.3	46.1	42.1	42.1
株価収益率	(倍)	18.4	16.1	16.2	18.4	20.3
配当性向	(%)	55.3	99.6	97.1	111.0	114.4
従業員数	(名)	17,115 (3,592)	17,299 (3,819)	18,173 (4,149)	18,929 (4,474)	19,045 (4,523)
株主総利回り (比較指標：TOPIX)	(%) (%)	− (−)	120.0 (88.2)	132.1 (122.8)	138.1 (122.3)	153.1 (125.9)
最高株価	(円)	1,464	1,554.5	1,504.5	1,620	1,574.5
最低株価	(円)	1,176	1,215	1,158	1,392	1,418

(注) 1　百万円未満を四捨五入して表示しています。

2　従業員数欄の(外書)は，臨時従業員の年間平均雇用人員です。

3　当社株式は，2018年12月19日から東京証券取引所市場第一部に上場したため，第33期の株主総利回りおよび比較指標は記載していません。第34期から第37期の株主総利回りおよび比較指標は，2019年3月期末を基準として算定しています。

4　最高・最低株価は，2022年4月3日以前は東京証券取引所市場第一部における株価を，2022年4月4日以降は東京証券取引所プライム市場における株価を記載しています。ただし，当社株式は，

(point) **沿革**

どのように創業したかという経緯から現在までの会社の歴史を年表で知ることができる。過去に行った重要なM＆Aなどがいつ行われたのか，ブランド名はいつから使われているのか，いつ頃から海外進出を始めたのか，など確認することができて便利だ。

2018年12月19日から東京証券取引所市場第一部に上場されており，それ以前の株価については該
当事項がありません。

5 「収益認識に関する会計基準」（企業会計基準第29号2020年3月31日）および「収益認識に関する
会計基準の適用指針」（企業会計基準適用指針第30号2021年3月26日）を第36期の期首から適用
しており，第36期以降に係る主要な経営指標等については，当会計基準等を適用した後の指標等
となっております。

2 沿革

年月	概要
1986年12月	・日本国有鉄道の分割民営化に伴い，電話サービス・専用サービスの提供を目的として，鉄道通信（株）（現当社）を資金3,200百万円で設立
1987年3月	・第一種電気通信事業許可を取得
1987年4月	・日本国有鉄道から基幹通信網を承継し，電話サービス・専用サービスの営業開始
1989年5月	・(旧)日本テレコム（株）を吸収合併，日本テレコム（株）（注）1に商号変更
1991年7月	・携帯・自動車電話事業への参入を目的として（株）東京デジタルホン（関連会社）を設立
1994年9月	・東京証券取引所市場第二部，大阪証券取引所市場第二部に上場
1996年9月	・東京証券取引所市場第一部，大阪証券取引所市場第一部銘柄に指定
1997年10月	・日本国際通信（株）を吸収合併
1999年10月	・(株)東京デジタルホン等デジタルホン3社，(株)デジタルツーカー四国等デジタルツーカー6社の計9社が，各商号を変更（J−フォン9社（注）2）
2001年10月	・ボーダフォン・グループPlcの間接保有の子会社であるボーダフォン・インターナショナル・ホールディングス B.V.およびフロッグホール B.V.（2001年12月にボーダフォン・インターナショナル・ホールディングス B.V.と合併）が実施した当社株式の公開買付の結果，同社は，当社株式の66.7％を保有し，当社の親会社となる
2002年7月	・移動体通信事業におけるシステム・ソリューション事業の承継を目的として，会社分割により（株）ジャパン・システム・ソリューション（子会社）を設立
2002年7月	・携帯電話端末の販売代理店事業の承継を目的として，会社分割により（株）テレコム・エクスプレス（子会社）を設立
2002年8月	・持株会社体制に移行し，日本テレコムホールディングス（株）に商号変更するとともに，会社分割により日本テレコム（株）（子会社）（注）3を設立
2003年6月	・委員会等設置会社に移行
2003年12月	・ボーダフォンホールディングス（株）に商号変更

(point) **事業の内容**

会社の事業がどのようにセグメント分けされているか，そして各セグメントではどの
ようなビジネスを行っているかなどの説明がある。また最後に事業の系統図が載せて
あり，本社，取引先，国内外子会社の製品・サービスや部品の流れが分かる。ただセ
グメントが多いコングロマリットをすぐに理解するのは簡単ではない。

2004年7月	・ボーダフォン・インターナショナル・ホールディングスB.V.（親会社）が実施した当社株式の公開買付の結果，同社が保有する当社株式の持株比率が96.1%となる
2004年10月	・（旧）ボーダフォン（株）を吸収合併，ボーダフォン（株）（注）4に商号変更
2005年8月	・東京証券取引所市場第一部，大阪証券取引所市場第一部上場廃止
2006年4月	・ソフトバンク（株）（注）5の間接保有の子会社であるBBモバイル（株）が実施した当社株式の公開買付の結果，同社は，当社株式の97.6%を保有し，当社の親会社となる。また，BBモバイル（株）は，当社の株主であるメトロフォン・サービス（株）（2006年8月にBBモバイル（株）と合併）の全株式を取得した結果，同社が保有する当社株式の持株比率が99.5%となる
2006年8月	・BBモバイル（株）（親会社）を完全親会社とする株式交換により，同社の100%子会社となる
2006年10月	・ソフトバンクモバイル（株）に商号変更。ブランド名を「ソフトバンク」に変更
2007年6月	・委員会設置会社から監査役会設置会社にガバナンス体制を変更
2010年4月	・（株）ジャパン・システム・ソリューション（子会社），他2社（子会社）を吸収合併
2015年4月	・通信ネットワーク，販売チャンネル等の相互活用，サービスの連携強化により通信事業の競争力を強化することを目的として，ソフトバンクBB（株），ソフトバンクテレコム（株），ワイモバイル（株）を吸収合併
2015年7月	・ソフトバンク（株）に商号変更
2015年7月	・当社販売代理店管理業務再編を目的として，（株）テレコム・エクスプレス（子会社）を吸収合併
2015年12月	・ソフトバンクグループ（株）がモバイルテック（株）と合併し，その後同日に，モバイルテック（株）の子会社であったBBモバイル（株）（親会社）と合併したことにより，同社の直接保有の子会社となる
2016年7月	・ソフトバンクグループ（株）（親会社）が，同社保有の当社の全株式を，ソフトバンクグループジャパン合同会社へ現物出資の方式で譲渡し，ソフトバンクグループジャパン合同会社の子会社となる
2017年4月	・ソフトバンクグループジャパン合同会社（親会社）が，ソフトバンクグループ（株）の子会社であるソフトバンクグループインターナショナル合同会社に吸収合併され，ソフトバンクグループインターナショナル合同会社（注）6の子会社となる
2017年5月	・通信事業と流通事業の連携強化を図ることを目的として，IT関連製品の製造・流通・販売，IT関連サービスの提供を行っているソフトバンクコマース＆サービス（株）（注）7の親会社である，SB C&Sホールディングス合同会社（注）8を子会社化

2018 年 3 月	・通信ネットワーク基盤の強化を図ることを目的として，WirelessCity Planning（株）を子会社化
2018 年 4 月	・事業シナジーの追求および幅広い領域への事業展開を目的として，SB メディアホールディングス（株），ソフトバンク・テクノロジー（株）（注）9，SB プレイヤーズ（株）等を子会社化
2018 年 4 月	・通信事業のサービス拡充・事業拡大を目的として仮想移動体通信事業者である LINE モバイル（株）を子会社化
2018 年 5 月	・クラウドコンピューティングサービスの強化を目的として，（株）IDC フロンティアを子会社化
2018 年 12 月	・東京証券取引所市場第一部に上場
2019 年 6 月	・FinTech（注）10 を含む様々な事業分野での連携およびシナジー強化を目的として，ヤフー（株）（注）11 を子会社化
2019 年 11 月	・当社の子会社である Z ホールディングス（株）は，e コマース事業のさらなる成長のためにファッション EC を強化することを目的として，（株）ZOZO を子会社化
2021 年 3 月	・当社の子会社である Z ホールディングス（株）は，日本・アジアから世界をリードする AI テックカンパニーとなることを目指し，LINE（株）（注）12 を子会社化
2021 年 6 月	・インターネット広告事業での連携およびシナジー創出を目的として，（株）イーエムネットジャパンを子会社化
2022 年 4 月	・東京証券取引所の市場区分の見直しにより市場第一部からプライム市場へ移行
2022 年 10 月	・金融事業での連携強化およびシナジー強化を目的として，PayPay（株）を子会社化

(注) 1　鉄道通信（株）は同社を存続会社として，日本テレコム（株）を1989年5月1日付で吸収合併し，商号を「日本テレコム（株）」に変更しました。なお，合併前の「日本テレコム（株）」と合併後の「日本テレコム（株）」との区別を明確にするため，合併前の会社名は (旧) の文字を付しています。

　　　(旧) 日本テレコム（株）の沿革は次の通りです。

　　　1984年10月 (旧) 日本テレコム（株）を設立

　　　1985年6月第一種電気通信事業許可を取得

　　2　ジェイフォン東京（株），ジェイフォン関西（株），ジェイフォン東海（株），ジェイフォン九州（株），ジェイフォン中国（株），ジェイフォン東北（株），ジェイフォン北海道（株），ジェイフォン北陸（株），ジェイフォン四国（株）

　　3　日本テレコム（株）（子会社）は，2006年10月1日付で商号を「ソフトバンクテレコム（株）」に変更しました。また，同社は，2007年2月1日付でソフトバンクテレコム販売（株）との合併により消滅し，ソフトバンクテレコム販売（株）は，商号を「ソフトバンクテレコム（株）」に変更しています。

　　4　ボーダフォンホールディングス（株）は同社を存続会社として，ボーダフォン（株）を2004年10月1日付で吸収合併し，商号を「ボーダフォン（株）」に変更しました。なお，合併前の「ボーダフォン（株）」

(point) **関係会社の状況**

主に子会社のリストであり，事業内容や親会社との関係についての説明がされている。特に製造業の場合などは子会社の数が多く，すべてを把握することは難しいが，重要な役割を担っている子会社も多くある。有報の他の項目では一度も触れられていない場合が多いので，気になる会社については個別に調べておくことが望ましい。

と合併後の「ボーダフォン（株）」との区別を明確にするため，合併前の会社名は（旧）の文字を付しています。

（旧）ボーダフォン（株）の沿革は次の通りです。

1998年11月　（株）アイエムティ二千企画を設立

2000年4月　ジェイフォン（株）に商号変更

2000年5月　J－フォン9社の持株会社に移行

2000年10月　J－フォン9社を，ジェイフォン東日本（株），ジェイフォン東海（株），ジェイフォン西日本（株）に合併再編

2001年11月　ジェイフォン東日本（株），ジェイフォン東海（株），ジェイフォン西日本（株）と合併

2003年10月　（旧）ボーダフォン（株）に商号変更

5　ソフトバンク（株）は，2015年7月1日付で商号を「ソフトバンクグループ（株）」に変更しています。

6　ソフトバンクグループインターナショナル合同会社は，2018年6月15日付で株式会社に組織変更し，「ソフトバンクグループジャパン（株）」に商号変更しています。

7　ソフトバンクコマース＆サービス（株）は，2019年1月1日付で商号を「SBC&S（株）」に変更しています。

8　SBC&Sホールディングス合同会社は，2018年3月23日付でSBC&Sホールディングス（株）に組織変更しています。また，同社は，同社を存続会社として，SBC&S（株）を2020年4月1日付で吸収合併し，商号を「SBC&S（株）」に変更しました。

9　ソフトバンク・テクノロジー（株）は，2019年10月1日付で商号を「SBテクノロジー（株）」に変更しています。

10　FinTechとは，金融（Finance）と技術（Technology）を組み合わせた造語で，金融サービスと情報通信技術を結び付けた様々な革新的なサービスのことを意味します。

11　ヤフー（株）は，2019年10月1日付で商号を「Zホールディングス（株）」に変更しています。

12　LINE（株）は，旧LINE分割準備（株）であり，旧LINE（株）（現Aホールディングス（株））の全事業（Zホールディングス（株）株式ならびにZホールディングス（株）および旧LINE（株）の対等な精神に基づく経営統合に関して旧LINE（株）が締結した契約に係る契約上の地位その他吸収分割契約において定める権利義務を除く。）を吸収分割により承継した法人です。

3　事業の内容

（1）　事業の概要

　当企業集団は，2023年3月31日現在，当社と子会社239社（以下「当社グループ」），関連会社56社および共同支配企業18社により構成されています。当社の親会社はソフトバンクグループ（株）です。以下，本書においては「ソフトバンクグループ（株）」はソフトバンクグループ（株）単体，「ソフトバンクグループ」はソフトバンクグループ（株）およびその子会社を含む企業集団，「Zホールディン

グスグループ」はＺホールディングス（株）およびその子会社を含む企業集団とします。

　ソフトバンクグループは，創業以来一貫して，情報革命を通じ人類と社会に貢献してきました。「情報革命で人々を幸せに」という経営理念の下，世界の人々が最も必要とするテクノロジーやサービスを提供する企業グループとなることを目指すとともに，企業価値の最大化を図ってきました。

　その中において，当社グループはソフトバンクグループの日本における中心的な事業会社として，ソフトウエアの卸販売，ブロードバンド，固定通信等の事業を受け継ぎつつ，最先端テクノロジーを用いて快適で利便性の高い通信サービスを競争力のある価格で提供し，日本における通信と社会の発展に貢献してきました。当社グループは，成長戦略「Beyond Carrier」を推進することにより，日本でも有数の通信ネットワーク，日本最大級のポータルサイト「Yahoo! JAPAN」やコミュニケーションサービス「LINE」，キャッシュレス決済サービス「PayPay」など日本最大級のユーザー基盤を有する通信・IT企業グループとなりました。今後も，成長戦略「Beyond Carrier」の下，コアビジネスである通信事業の持続的な成長を図りながら，通信キャリアの枠を超え，情報・テクノロジー領域のさまざまな分野で積極的にグループの事業を拡大することで，企業価値の最大化を目指します。また，通信事業とこれらのグループ事業との連携を強化することを通じて，通信事業の競争力を強化するとともに，グループ事業のサービス利用者数の拡大やユーザーエンゲージメントの向上などのシナジーの創出を推進します。

　当社グループの主な事業は，「コンシューマ事業」，「法人事業」，「流通事業」，「ヤフー・LINE事業」，「金融事業」およびその他の事業から構成されています。2022年10月1日付でPayPay（株）を子会社化したことに伴い，2022年12月31日に終了した3カ月間より，セグメント区分に「金融事業」を追加し，「コンシューマ」，「法人」，「流通」，「ヤフー・LINE」，「金融」の5つを報告セグメントとしています。なお，前連結会計年度にも遡及して「金融」を追加しています。

a. コンシューマ事業 ……………………………………………………………

　主として，日本国内の個人のお客さまに対し，モバイルサービス，ブロードバンドサービスおよび「おうちでんき」などの電力サービスを提供しています。また，

携帯端末メーカーから携帯端末を仕入れ，ソフトバンクショップ等を運営する代理店または個人のお客さまに対して販売しています。

(a) モバイルサービス

モバイルサービスでは，次の３つのブランドを展開しています。

— 「SoftBank」ブランド：最新のスマートフォンや携帯端末，大容量デー
　　　　　　　　　　　タプランを求めるスマートフォンユーザー向け高
　　　　　　　　　　　付加価値ブランド

— 「Y!mobile」ブランド：低価格かつ安心のサービスを特徴とするブランド
　　　　　　　　　　　/ライトユーザーや月々の通信料を抑えることを重
　　　　　　　　　　　視するお客さま向けのスマートフォン，Pocket Wi
　　　　　　　　　　　—Fi等を提供するブランド

— 「LINEMO」ブランド：コミュニケーションアプリ「LINE」がデータ容量
　　　　　　　　　　　を消費せずに使い放題となるプランを提供するほ
　　　　　　　　　　　か，全ての手続きをオンライン上で完了できるオ
　　　　　　　　　　　ンライン専用ブランド

「SoftBank」および「Y!mobile」のスマートフォンユーザーに対しては，追加料金を支払うことなく，ヤフー（株）提供の「Yahoo!プレミアム」（注1）をご利用いただけるサービスを提供しています。

これに加え，「SoftBank」スマートフォンユーザーは，PayPayポイントがたくさんもらえる「ソフトバンクプレミアム」の特典として，PayPayポイントが戻ってくる「スーパーPayPayクーポン」の提供を受けられます。また，長く対象プランに加入頂いているお客さまに対する長期継続特典として，PayPayポイントの付与等を実施しています。

(b) ブロードバンドサービス

ブロードバンドサービスでは，主として，個人のお客さま向けの高速・大容量通信回線サービスである「SoftBank 光」（注2），「フレッツ光」とセットで提供するISPサービス（注3）である「Yahoo! BB 光 with フレッツ」，ADSL回線サービスとISPを統合した「Yahoo! BB ADSL」サービス（注4）を展開しています。

また，2015年より，「SoftBank 光」や「Yahoo! BB ADSL」等のブロードバンドサービスを移動通信サービスとセットで契約するお客さま向けに対し，移動通信サービスの通信料金を割り引くサービス「おうち割光セット」を提供しています。

（c）　電力サービス

　電力サービスでは，主として，個人のお客さま向けに「おうちでんき」，「自然でんき」などの電力供給サービスを提供しています。

（主要な関係会社）

　当社，Wireless City Planning（株），SBモバイルサービス（株），SBパワー（株）

b. 法人事業 ……………………………………………………………………………

　法人のお客さまに対し，モバイル回線提供や携帯端末レンタルなどのモバイルサービス，固定電話やデータ通信などの固定通信サービス，データセンター，クラウド，セキュリティ，グローバル，AI（注5），IoT（注6），デジタルマーケティング等のソリューション等サービスなど，多様な法人向けサービスを提供しています。

（主要な関係会社）

　当社，Wireless City Planning（株），SBエンジニアリング（株），（株）IDCフロンティア，（株）イーエムネットジャパン

c. 流通事業 ……………………………………………………………………………

　流通事業は，変化する市場環境を迅速にとらえた最先端のプロダクトやサービスを提供しています。法人のお客さま向けには，クラウドサービス，AIを含めた先進テクノロジーを活用し商材を提供しています。個人のお客さま向けには，メーカーあるいはディストリビューターとして，ソフトウエアやモバイルアクセサリー，IoTプロダクト等，多岐にわたる商品の企画・提供を行っています。

（主要な関係会社）

　SB C&S（株）

d. ヤフー・LINE事業 …………………………………………………………………

　ヤフー・LINE事業は，メディアおよびコマースを中心としたサービスを展開し，

オンラインからオフラインまで一気通貫でサービスを提供しています。メディア領域においては，インターネット上や「LINE」での広告関連サービス，コマース領域においては「Yahoo!ショッピング」，「ZOZOTOWN」などのeコマースサービスや「ヤフオク!」などのリユースサービス，戦略領域においては，メディア・コマースに次ぐ新たな収益の柱となるよう取り組んでいるFin Tech（注7）サービス等の提供を行っています。

（主要な関係会社）

Zホールディングス（株）（注8），ヤフー（株），LINE（株），アスクル（株），（株）ZOZO，（株）一休，バリューコマース（株），PayPay銀行（株），LINE Pay（株），LINE Financial（株），LINE Financial Plus Corporation, LINE Plus Corporation,

LINE SOUTHEAST ASIA CORP. PTE. LTD.

e．金融事業 ……………………………………………………………

2022年10月1日付でPayPay（株）を子会社化したことに伴い，2022年12月31日に終了した3カ月間より，セグメント区分に「金融事業」を追加しました。

金融事業では，QRコード決済やクレジットカードなどのキャッシュレス決済サービス，加盟店のマーケティングソリューションの開発・提供，あと払いや資産運用などの金融サービス，およびクレジットカード・電子マネー・QRコードなど多様化する決済を一括で提供する決済代行サービスなどを提供しています。

（主要な関係会社）（注9）

PayPay（株）（注8），PayPayカード（株），SBペイメントサービス（株），PayPay証券（株）

f．その他の事業 ……………………………………………………………

その他の事業として，クラウドサービス，セキュリティ運用監視サービス，IoTソリューションの提供，IoTおよびLinux/OSS，認証・セキュリティサービス，デジタルメディア・デジタルコンテンツの企画・制作，Solar HAPS（注10）およびネットワーク機器の研究開発・製造・運用・管理・事業企画などを行っています。当社グループでは最先端の技術革新をビジネスチャンスとして常に追求しており，FinTech，IoT，クラウドなどの分野に積極的に投資を行い，事業展開を

図っています。

（主要な関係会社）

　当社，SBテクノロジー（株），サイバートラスト（株），アイティメディア（株），

HAPSモバイル（株）

(注1)　「Yahoo!プレミアム」（月額会員費508円（税込））は，「Yahoo!ショッピング」やLOHACO by
　　　ASKUL主催のキャンペーンでPayPayポイント（譲渡不可）が付与されるなど，様々なサービスで特
　　　典を受けられる会員サービスです。「SoftBank」ユーザーは「スマートログイン」設定により，また，
　　　「Y!mobile」ユーザーは初期登録により，追加料金の支払いなしに利用できます。

(注2)　「SoftBank Air」を含みます。

(注3)　ISPサービスとは，ユーザーのコンピューターをインターネットに接続するための手段を提供するサー
　　　ビスを意味します。ISPはInternet Service Providerの略称です。

(注4)　ADSLサービスは，2024年3月末をもってサービスの提供を終了します。

(注5)　AIとは，Artificial Intelligenceの略称で，人工知能のことです。

(注6)　IoTとは，Internet of Thingsの略称で，モノがインターネット経由で通信することです。

(注7)　FinTechとは，金融（Finance）と技術（Technology）を組み合わせた造語で，金融サービスと情報通
　　　信技術を結び付けた様々な革新的なサービスのことを意味します。

(注8)　2023年3月31日現在，Aホールディングス（株）の親会社である当社とNAVER Corporation（同社
　　　の完全子会社であるNAVER J. Hub（株）による持分を含む）は，Aホールディングス（株）の議決権
　　　をそれぞれ50％ずつ保有しています。また，Aホールディングス（株）は，Zホールディングス（株）
　　　の議決権を64.5％保有しています。なお，当社はAホールディングス（株）の取締役会構成員の過半
　　　数を選任する権利を有し，Aホールディングス（株）を通じてZホールディングス（株）の取締役会構
　　　成員の過半数を選任する権利を有していることから，両社を実質的に支配しています。

　　　また，2022年7月27日に当社およびZホールディングス（株）が締結した取引契約に基づき，当社お
　　　よびZホールディングス（株）の完全子会社であるZホールディングス中間（株）が保有するPayPay（株）
　　　のA種優先株式を普通株式へ転換したことにより，当社グループのPayPay（株）に対する議決権所
　　　有割合は69.8％（One 97 Communications Singapore Private Limitedが保有する新株予約権を除く）
　　　となり，PayPay（株）は2022年10月1日に当社の子会社となりました。詳細については，「第5　経
　　　理の状況　1　連結財務諸表等連結財務諸表注記　6．企業結合PayPay（株）の子会社化」をご参照
　　　ください。

　　　下図は，2023年3月31日現在における議決権所有割合を示しています。なお，Zホールディングス（株）
　　　は，2023年4月28日に開催された同社の取締役会において，同社ならびにLINE（株）およびヤフー（株）
　　　を中心としたグループ内再編に係る契約の締結時期（予定）および完了時期（効力発生日）（予定）に
　　　ついて決議しました。グループ内再編の完了時期（効力発生日）は2023年10月1日を予定しており，
　　　また，同日をもって商号をLINEヤフー（株）に変更する予定です。

(point) **従業員の状況**

　主力セグメントや，これまで会社を支えてきたセグメントの人数が多い傾向があるの
　は当然のことだろう。上場している大企業であれば平均年齢は40歳前後だ。また労
　働組合の状況にページが割かれている場合がある。その情報を載せている背景として，
　労働組合の力が強く，人数を削減しにくい企業体質だということを意味している。

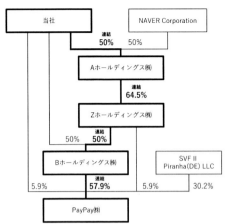

(注9) 金融事業のセグメント区分追加に伴い，各セグメントを構成する会社を見直し，前期まで「ヤフー・LINE事業」に含まれていたPayPayカード（株），「その他の事業」に含まれていたSBペイメントサービス（株）およびPayPay証券（株）は「金融事業」に含まれます。

(注10) Solar HAPS（High Altitude Platform Station）とは，ソーラーエネルギーとバッテリーを動力源とする，成層圏に飛行させた航空機などの無人機体を通信基地局のように運用し，広域のエリアに通信サービスを提供できるシステムの総称です。

事業系統図は次の通りです。（2023年3月31日現在）

(2) 事業に係る法的規制 ·····································

　当社グループのうち，国内において電気通信サービスを提供する会社は電気通信事業に係る登録電気通信事業者および認定電気通信事業者であるため，電気通信事業を行うにあたり，電気通信事業法に基づく法的規制事項があります。

　また，無線局に係る電気通信設備の設置にあたっては，電波法に基づく免許等を受ける必要があります。事業に係る法的規制の概要は以下の通りです。

a. 電気通信事業法 ·····································

(a) 登録電気通信事業に係る規制

ⅰ．電気通信事業の登録（第9条）

　電気通信事業を営もうとする者は，総務大臣の登録を受けなければならない。

ⅱ．登録の拒否（第12条）

(point) 業績等の概要

　この項目では今期の売上や営業利益などの業績がどうだったのか，収益が伸びたあるいは減少した理由は何か，そして伸ばすためにどんなことを行ったかということがセグメントごとに分かる。現在，会社がどのようなビジネスを行っているのか最も分かりやすい箇所だと言える。

総務大臣は，第10条第1項（電気通信事業の登録）の申請書を提出した者が次の各号のいずれかに該当するとき，または当該申請書もしくはその添付書類のうちに重要な事項について虚偽の記載があり，もしくは重要な事実の記載が欠けているときは，その登録を拒否しなければならない。

（ⅰ）　電気通信事業法，有線電気通信法もしくは電波法またはこれらに相当する外国の法令の規定により罰金以上の刑に処せられ，その執行を終わり，またはその執行を受けることがなくなった日から2年を経過しない者。

（ⅱ）　第14条第1項（登録の取消し）の規定により登録の取消しを受け，その取消しの日から2年を経過しない者または電気通信事業法に相当する外国の法令の規定により当該外国において受けている同種類の登録（当該登録に類する許可その他の行政処分を含む。）の取消しを受け，その取消しの日から2年を経過しない者。

（ⅲ）　法人または団体であって，その役員のうちに前2号のいずれかに該当する者があるもの。

（ⅳ）　外国法人等であって国内における代表者又は国内における代理人を定めていない者。

（ⅴ）　その電気通信事業が電気通信の健全な発達のために適切でないと認められる者。

ⅲ．登録の更新（第12条の2）

　　第9条（電気通信事業の登録）の登録は，第12条の2第1項各号に掲げる事由が生じた場合において，当該事由が生じた日から起算して3箇月以内にその更新を受けなかったときは，その効力を失う。

ⅳ．変更登録等（第13条）

　　第9条（電気通信事業の登録）の登録を受けた者は，業務区域または電気通信設備の概要の事項を変更しようとするときは，総務大臣の変更登録を受けなければならない。ただし，総務省令で定める軽微な変更については，この限りでない。

ⅴ．登録の取消し（第14条）

　　総務大臣は，第9条（電気通信事業の登録）の登録を受けた者が次の各号の

いずれかに該当するときは，同条の登録を取り消すことができる。

（ⅰ）　当該第9条の登録を受けた者が電気通信事業法または同法に基づく命令
もしくは処分に違反した場合において，公共の利益を阻害すると認めるとき。

（ⅱ）　不正の手段により第9条の登録，第12条の2第1項の登録の更新または
第13条第1項の変更登録を受けたとき。

（ⅲ）　第12条（登録の拒否）第1項第1号から第4号まで（第2号にあっては，
電気通信事業法に相当する外国の法令の規定に係る部分に限る。）のいずれか
に該当するに至ったとき。

ⅵ．承継（第17条）

電気通信事業の全部の譲渡しがあったとき，または電気通信事業者について
合併，分割（電気通信事業の全部を承継させるものに限る。）があったときは，
当該電気通信事業の全部を譲り受けた者または合併後存続する法人もしくは合
併により設立した法人，分割により当該電気通信事業の全部を承継した法人は，
電気通信事業者の地位を承継し，電気通信事業者の地位を承継した者は，遅滞
なく，その旨を総務大臣に届け出なければならない。

ⅶ．事業の休止および廃止ならびに法人の解散（第18条）

（ⅰ）　電気通信事業者は，電気通信事業の全部または一部を休止し，または廃
止したときは，遅滞なく，その旨を総務大臣に届け出なければならない。

（ⅱ）　電気通信事業者は，電気通信事業の全部または一部を休止し，または廃
止しようとするときは，総務省令で定めるところにより，当該休止または廃
止しようとする電気通信事業の利用者に対し，その旨を周知させなければな
らない。

ⅷ．基礎的電気通信役務の契約約款（第19条）

基礎的電気通信役務を提供する電気通信事業者は，その提供する基礎的電
気通信役務に関する料金その他の提供条件について契約約款を定め，総務省令
で定めるところにより，その実施前に，総務大臣に届け出なければならない。
これを変更しようとするときも，同様とする。

基礎的電気通信役務を提供する電気通信事業者は，次の各号のいずれかに該
当する場合を除き，契約約款で定める料金その他の提供条件については，届け

出た契約約款によらなければ基礎的電気通信役務を提供してはならない。

（ⅰ）　災害時など総務省令で定める基準に従い，届出契約約款に定める当該基礎的電気通信役務の料金を減免する場合

（ⅱ）　当該基礎的電気通信役務（第二号基礎的電気通信役務に限る。）の提供の相手方と料金その他の提供条件について別段の合意がある場合

（注）基礎的電気通信役務とは，国民生活に不可欠であるためあまねく日本全国における提供が確保されるべきサービスとして，電気通信事業法施行規則において指定されています。第一号基礎的電気通信役務としては「アナログ電話の加入者回線」や「公衆電話」等が該当し，第二号基礎的電気通信役務としては「FTTHアクセスサービス」等が指定されています。当社の主たるサービスで該当するものは，第一号基礎的電気通信役務としては「おとくライン」の基本料，第二号基礎的電気通信役務としては「SoftBank 光」です。

ⅸ．電気通信回線設備との接続（第32条）

電気通信事業者は，他の電気通信事業者から当該他の電気通信事業者の電気通信設備をその設置する電気通信回線設備に接続すべき旨の請求を受けたときは，次に掲げる場合を除き，これに応じなければならない。

（ⅰ）　電気通信役務の円滑な提供に支障が生ずるおそれがあるとき。

（ⅱ）　当該接続が当該電気通信事業者の利益を不当に害するおそれがあるとき。

（ⅲ）　前2号に掲げる場合のほか，総務省令で定める正当な理由があるとき。

ⅹ．第一種指定電気通信設備との接続（第33条）

第一種指定電気通信設備を設置する電気通信事業者は，当該第一種指定電気通信設備と他の電気通信事業者の電気通信設備との接続に関する接続料および接続条件について接続約款を定め，総務大臣の認可を受けなければならない。これを変更しようとするときも，同様とする。

（注1）第一種指定電気通信設備とは，加入者回線およびこれと一体として設置される設備であって，他の電気通信事業者との接続が利用者の利便の向上および電気通信の総合的かつ合理的な発達に欠くことができない電気通信設備をいいます。現在，第一種指定電気通信設備には，東日本電信電話（株）（以下「NTT東日本」）と西日本電信電話（株）（以下「NTT西日本」）が設置するNGN，加入光ファイバ等が指定されています。

（注2）当社は，当連結会計年度末現在，第一種指定電気通信設備を設置する電気通信事業者に該当していません。

ⅹⅰ．外国政府等との協定等の認可（第40条）

電気通信事業者は，外国政府または外国人もしくは外国法人との間に，電気

通信業務に関する協定または契約であって総務省令で定める重要な事項を内容とするものを締結し，変更し，または廃止しようとするときは，総務大臣の認可を受けなければならない。

(b)　認定電気通信事業に係る規制

ⅰ．事業の認定（第117条）

　　電気通信回線設備を設置して電気通信役務を提供する電気通信事業を営む電気通信事業者または当該電気通信事業を営もうとする者は，次節の規定（土地の使用）の適用を受けようとする場合には，申請により，その電気通信事業の全部または一部について，総務大臣の認定を受けることができる。

ⅱ．欠格事由（第118条）

　　次の各号のいずれかに該当する者は，前条の認定を受けることができない。

（ⅰ）　電気通信事業法または有線電気通信法もしくは電波法またはこれらに相当する外国の法令の規定により罰金以上の刑（これに相当する外国の法令による刑を含む。）に処せられ，その執行を終わり，またはその執行を受けることがなくなった日から2年を経過しない者。

（ⅱ）　第125条（認定の失効）第2号に該当することにより認定がその効力を失い，その効力を失った日から2年を経過しない者または第126条（認定の取消し）第1項の規定により認定の取消しを受け，その取消しの日から2年を経過しない者。

（ⅲ）　法人または団体であって，その役員のうちに前2号のいずれかに該当する者があるもの。

（ⅳ）　外国法人等であって国内における代表者等又は国内における代理人を定めていない者。

ⅲ．変更の認定等（第122条）

（ⅰ）　認定電気通信事業者は，業務区域，電気通信設備の概要を変更しようとするときは，総務大臣の認定を受けなければならない。ただし，総務省令で定める軽微な変更については，この限りでない。

（ⅱ）　認定電気通信事業者は，前項ただし書の総務省令で定める軽微な変更をしたときは，遅滞なく，その旨を総務大臣に届け出なければならない。

ⅳ．承継（第123条）

（ⅰ）　認定電気通信事業者たる法人が合併または分割（認定電気通信事業の全部を承継させるものに限る。）をしたときは，合併後存続する法人もしくは合併により設立された法人または分割により当該認定電気通信事業の全部を承継した法人は，総務大臣の認可を受けて認定電気通信事業者の地位を承継することができる。

（ⅱ）　認定電気通信事業者が認定電気通信事業の全部の譲渡しをしたときは，当該認定電気通信事業の全部を譲り受けた者は，総務大臣の認可を受けて認定電気通信事業者の地位を承継することができる。

ⅴ．事業の休止および廃止（第124条）

認定電気通信事業者は，認定電気通信事業の全部または一部を休止し，または廃止したときは，遅滞なく，その旨を総務大臣に届け出なければならない。

ⅵ．認定の取消し（第126条）

総務大臣は，認定電気通信事業者が次の各号のいずれかに該当するときは，その認定を取り消すことができる。

（ⅰ）　第118条（欠格事由）第1号，第3号または第4号に該当するに至ったとき。

（ⅱ）第120条（事業の開始の義務）第1項の規定により指定した期間（同条第3項の規定による延長があったときは，延長後の期間）内に認定電気通信事業を開始しないとき。

（ⅲ）　前2号に規定する場合のほか，認定電気通信事業者が電気通信事業法または同法に基づく命令もしくは処分に違反した場合において，公共の利益を阻害すると認めるとき。

（c）　電気通信事業者の禁止行為

ⅰ．電気通信事業者の禁止行為（第27条の2）

（ⅰ）　電気通信事業者は，次に掲げる行為をしてはならない。

（1）　利用者に対し，第26条第1項各号に掲げる電気通信役務の提供に関する契約に関する事項であって，利用者の判断に影響を及ぼすこととなる重要なものにつき，故意に事実を告げず，又は不実のことを告げる行為

（2）　第26条第1項各号に掲げる電気通信役務の提供に関する契約の締結の勧

誘に先立って，その相手方（電気通信事業者である者を除く。）に対し，自己の氏名若しくは名称又は当該契約の締結の勧誘である旨を告げずに勧誘する行為（利用者の利益の保護のため支障を生ずるおそれがないものとして総務省令で定めるものを除く。）

(3)　第26条第1項各号に掲げる電気通信役務の提供に関する契約の締結の勧誘を受けた者（電気通信事業者である者を除く。）が当該契約を締結しない旨の意思（当該勧誘を引き続き受けることを希望しない旨の意思を含む。）を表示したにもかかわらず，当該勧誘を継続する行為（利用者の利益の保護のため支障を生ずるおそれがないものとして総務省令で定めるものを除く。）

(4)　前3号に掲げるもののほか，利用者の利益の保護のため支障を生ずるおそれがあるものとして総務省令で定める行為

(d)　移動電気通信役務を提供する電気通信事業者の禁止行為

ⅰ．移動電気通信役務を提供する電気通信事業者の禁止行為（第27条の3）

（ⅰ）　総務大臣は，総務省令で定めるところにより，電気通信役務の提供の状況その他の事情を勘案して電気通信事業者間の適正な競争関係を確保する必要があるものとして総務大臣が指定する移動電気通信役務を提供する電気通信事業者を（ⅱ）の規定の適用を受ける電気通信事業者として指定することができる。

（注）当連結会計年度末現在，電気通信役務の提供の状況その他の事情を勘案して電気通信事業者間の適正な競争関係を確保する必要があるものとして総務大臣が指定する移動電気通信役務として，携帯電話端末サービスおよび無線インターネット専用サービス（一定の電気通信役務を除く。）が指定されています（2019年9月6日号外総務省告示第166号）。

（ⅱ）　指定された電気通信事業者は，次に掲げる行為をしてはならない。

（1）　その移動電気通信役務の提供を受けるために必要な移動端末設備となる電気通信設備の販売等（販売，賃貸その他これらに類する行為をいう。）に関する契約の締結に際し，当該契約に係る当該移動電気通信役務の利用者に対し，当該移動電気通信役務の料金を当該契約の締結をしない場合におけるものより有利なものとすることその他電気通信事業者間の適正な競争関係を阻害するおそれがある利益の提供として総務省令で定めるものを約し，または第三者に約させること。

（2）　その移動電気通信役務の提供に関する契約の締結に際し，当該移動電気通信役務の利用者に対し，当該契約の解除を行うことを不当に妨げることにより電気通信事業者間の適正な競争関係を阻害するおそれがあるものとして総務省令で定める当該移動電気通信役務に関する料金その他の提供条件を約し，または届出媒介等業務受託者に約させること。

（e）　第二種指定電気通信設備を設置する電気通信事業者に係る規制

当連結会計年度末現在，当社の有する電気通信設備が第二種指定電気通信設備に指定されており，当社は，第二種指定電気通信設備を設置する電気通信事業者として以下のような規制の適用を受けます。

（注）第二種指定電気通信設備とは，電気通信事業法第34条第1項に基づき総務大臣が指定する電気通信設備をいいます。

ⅰ．第二種指定電気通信設備との接続（第34条）

（ⅰ）　第二種指定電気通信設備を設置する電気通信事業者は，当該第二種指定電気通信設備と他の電気通信事業者の電気通信設備との接続に関し，当該第二種指定電気通信設備を設置する電気通信事業者が取得すべき金額および接続条件について接続約款を定め，総務省令で定めるところにより，その実施前に，総務大臣に届け出なければならない。これを変更しようとするときも，同様とする。

（ⅱ）　総務大臣は，届け出た接続約款が次の各号のいずれかに該当すると認めるときは，当該第二種指定電気通信設備を設置する電気通信事業者に対し，相当の期限を定め，当該接続約款を変更すべきことを命ずることができる。

（1）　次に掲げる事項が適正かつ明確に定められていないとき。

a. 他の電気通信事業者の電気通信設備を接続することが技術的および経済的に可能な接続箇　所のうち標準的なものとして総務省令で定める箇所における技術的条件

b. 総務省令で定める機能ごとの第二種指定電気通信設備を設置する電気通信事業者が取得す　べき金額

c. 第二種指定電気通信設備を設置する電気通信事業者およびこれとその電気通信設備を接続　する他の電気通信事業者の責任に関する事項

d. 電気通信役務に関する料金を定める電気通信事業者の別

e.　a.からd.までに掲げるもののほか，第二種指定電気通信設備との接続を
　　　　円滑に行うために　必要なものとして総務省令で定める事項
　　（2）　第二種指定電気通信設備を設置する電気通信事業者が取得すべき金額
　　　　が能率的な経営の下における適正な原価に適正な利潤を加えたものを算定
　　　　するものとして総務省令で定める方法により算定された金額を超えるもの
　　　　であるとき。
　　（3）　接続条件が，第二種指定電気通信設備を設置する電気通信事業者がそ
　　　　の第二種指定電気通信設備に自己の電気通信設備を接続することとした場
　　　　合の条件に比して不利なものであるとき。
　　（4）　特定の電気通信事業者に対し不当な差別的な取扱いをするものである
　　　　とき。
　（ⅲ）　第二種指定電気通信設備を設置する電気通信事業者は，届け出た接続
　　　約款によらなければ，他の電気通信事業者との間において，第二種指定電気
　　　通信設備との接続に関する協定を締結し，または変更してはならない。
　（ⅳ）　第二種指定電気通信設備を設置する電気通信事業者は，総務省令で定
　　　めるところにより，届け出た接続約款を公表しなければならない。
　（ⅴ）　第二種指定電気通信設備を設置する電気通信事業者は，総務省令で定
　　　めるところにより，第二種指定電気通信設備との接続に関する会計を整理し，
　　　およびこれに基づき当該接続に関する収支の状況その他総務省令で定める事
　　　項を公表しなければならない。
　（ⅵ）　第二種指定電気通信設備を設置する電気通信事業者は，他の電気通信
　　　事業者がその電気通信設備と第二種指定電気通信設備との接続を円滑に行う
　　　ために必要な情報の提供に努めなければならない。
ⅱ．第二種指定電気通信設備を用いる卸電気通信役務の提供（第38条の2）
　（ⅰ）　第一種指定電気通信設備又は第二種指定電気通信設備を設置する電気
　　　通信事業者は，当該第一種指定電気通信設備又は第二種指定電気通信設備
　　　を用いる卸電気通信役務の提供の業務を開始したときは，総務省令で定める
　　　ところにより，遅滞なく，その旨，総務省令で定める区分ごとの卸電気通信
　　　役務の種類その他総務省令で定める事項を総務大臣に届け出なければならな

い。届け出た事項を変更し，又は当該業務を廃止したときも，同様とする。

（ⅱ）　特定卸電気通信役務（第一種指定電気通信設備又は第二種指定電気通信設備を用いる卸電気通信役務のうち，電気通信事業者間の適正な競争関係に及ぼす影響が少ないものとして総務省令で定めるもの以外のものをいう。以下同じ。）を提供する電気通信事業者は，正当な理由がなければ，その業務区域における当該特定卸電気通信役務の提供を拒んではならない。

（ⅲ）　特定卸電気通信役務を提供する電気通信事業者は，当該特定卸電気通信役務の提供に関する契約の締結の申入れを受けた場合において，当該特定卸電気通信役務に関し，当該申入れをした電気通信事業者の負担すべき金額その他の提供の条件について提示をする時までに，当該申入れをした電気通信事業者から，当該提示と併せて当該金額の算定方法その他特定卸電気通信役務の提供に関する契約の締結に関する協議の円滑化に資する事項として総務省令で定める事項を提示するよう求められたときは，正当な理由がなければ，これを拒んではならない。

（ⅳ）　総務大臣は，特定卸電気通信役務を提供する電気通信事業者が前項の規定に違反したときは，当該電気通信事業者に対し，公共の利益を確保するために必要な限度において，業務の方法の改善その他の措置をとるべきことを命ずることができる。

b．電波法 ……………………………………………………………………

ⅰ．無線局の開設（第4条）

　　無線局を開設しようとする者は，総務大臣の免許を受けなければならない。

ⅱ．欠格事由（第5条第3項）

　　次の各号のいずれかに該当する者には，無線局の免許を与えないことができる。

（ⅰ）　電波法または放送法に規定する罪を犯し罰金以上の刑に処せられ，その執行を終わり，またはその執行を受けることがなくなった日から2年を経過しない者。

（ⅱ）　無線局の免許の取消しを受け，その取消しの日から2年を経過しない者。

（ⅲ）　特定基地局の開設計画に係る認定の取消しを受け，その取消しの日から

２年を経過しない者。

（ⅳ）　無線局の登録の取消しを受け，その取消しの日から２年を経過しない者。

ⅲ．免許の申請（第６条）

（ⅰ）　無線局の免許を受けようとする者は，申請書に，次に掲げる事項を記載した書類を添えて，総務大臣に提出しなければならない。

（1）　目的

（2）　開設を必要とする理由

（3）　通信の相手方および通信事項

（4）　無線設備の設置場所

（5）　電波の型式ならびに希望する周波数の範囲および空中線電力

（6）　希望する運用許容時間

（7）　無線設備の工事設計および工事落成の予定期日

（8）　運用開始の予定期日

（9）　他の無線局の免許人等との間で混信その他の妨害を防止するために必要な措置に関する契約を締結しているときは，その契約の内容

（ⅱ）　次に掲げる無線局であって総務大臣が公示する周波数を使用するものの免許の申請は，総務大臣が公示する期間内に行わなければならない。（第６条第８項）

（1）　電気通信業務を行うことを目的として陸上に開設する移動する無線局（１または２以上の都道府県の区域の全部を含む区域をその移動範囲とするものに限る。）。

（2）　電気通信業務を行うことを目的として陸上に開設する移動しない無線局であって，前号に掲げる無線局を通信の相手方とするもの。

（3）　電気通信業務を行うことを目的として開設する人工衛星局。

ⅳ．免許の有効期間（第13条）

免許の有効期間は，免許の日から起算して５年を超えない範囲内において総務省令で定める。ただし，再免許を妨げない。

ⅴ．変更等の許可（第17条）

免許人は，無線局の目的，通信の相手方，通信事項，無線設備の設置場所

を変更し，または無線設備の変更の工事をしようとするときは，あらかじめ総務大臣の許可を受けなければならない。

vi．免許の承継（第20条）

（ⅰ） 免許人たる法人が合併または分割（無線局をその用に供する事業の全部を承継させるものに限る。）をしたときは，合併後存続する法人もしくは合併により設立された法人または分割により当該事業の全部を承継した法人は，総務大臣の許可を受けて免許人の地位を承継することができる。

（ⅱ） 免許人が無線局をその用に供する事業の全部の譲渡しをしたときは，譲受人は，総務大臣の許可を受けて免許人の地位を承継することができる。

vii．無線局の廃止（第22条）

免許人は，その無線局を廃止するときは，その旨を総務大臣に届け出なければならない。

viii．検査等事業者の登録（第24条の2）

無線設備等の検査または点検の事業を行う者は，総務大臣の登録を受けることができる。

ix．登録の取消し等（第24条の10）

総務大臣は，登録検査等事業者が次の各号のいずれかに該当するときは，その登録を取り消し，または期間を定めてその登録に係る検査または点検の業務の全部もしくは一部の停止を命ずることができる。

（ⅰ） 電波法に規定する罪を犯し，罰金以上の刑に処せられることに至ったとき（第24条の2第5項各号（第2号を除く。））。

（ⅱ） 登録検査等事業者の氏名，住所等の変更（第24条の5第1項）または登録検査等事業者の地位継承の届出（第24条の6第2項）の規定に違反したとき。

（ⅲ） 総務大臣による適合命令（第24条の7第1項または第2項）に違反したとき。

（ⅳ） 工事落成後の検査（第10条第1項），無線局の変更検査（第18条第1項）もしくは定期検査（第73条第1項）を受けた者に対し，その登録に係る点検の結果を偽って通知したことまたは第73条第3項に規定する証明書に虚偽

の記載をしたことが判明したとき。

（ⅴ）　その登録に係る業務の実施の方法によらないでその登録に係る検査または点検の業務を行ったとき。

（ⅵ）　不正な手段により第24条の2第1項の登録（検査等事業者の登録）またはその更新を受けたとき。

x．特定基地局の開設指針（第27条の12）

（ⅰ）　総務大臣は，既に開設されている電気通信業務用基地局（以下「既設電気通信業務用基地局」という。）が現に使用している周波数を使用する電気通信業務用基地局については，次の各号に掲げる場合の区分に応じ，当該各号に定めるものに限り，特定基地局とすることができる。

（1）　電波法第26条の3第4項の規定により有効利用評価の結果の報告を受けた場合において，既設電気通信業務用基地局（電波法第27条の15第3項に規定する認定計画に従って開設されているものであって，当該認定計画に係る認定の有効期間が満了していないものを除く。）が現に使用している周波数に係る当該結果が総務省令で定める基準を満たしていないと認めるとき

（2）　申出に係る開設指針を定める必要がある旨を決定したとき

（3）　電波に関する技術の発達，需要の動向その他の事情を勘案して，既設電気通信業務用基地局が現に使用している周波数の再編を行い，当該周波数の再編により新たに区分された周波数を使用する電気通信業務用基地局の開設を図ることが電波の公平かつ能率的な利用を確保するために必要であると認めるとき

xi．開設指針の制定の申出（第27条の13）

既設電気通信業務用基地局が現に使用している周波数を使用する電気通信業務用基地局を特定基地局として開設することを希望する者（当該既設電気通信業務用基地局の免許人を除く。）は，総務省令で定めるところにより，当該特定基地局の開設指針について，制定すべきことを総務大臣に申し出ることができる。

xii．開設計画の認定（第27条の14）

特定基地局を開設しようとする者は，通信系（通信の相手方を同じくする同一の者によって開設される特定基地局の総体をいう。）ごとに，特定基地局の開設に関する計画（以下「開設計画」）を作成し，これを総務大臣に提出して，その開設計画が適当である旨の認定を受けることができる。

ⅹⅲ．認定の取消し等（第27条の16）

（ⅰ）　総務大臣は，認定開設者が次の各号のいずれかに該当するときは，その認定を取り消さなければならない。

（1）　電気通信業務を行うことを目的とする特定基地局に係る認定開設者が電気通信事業法第14条第1項の規定により同法第9条の登録を取り消されたとき。

（ⅱ）　総務大臣は，認定開設者が次に該当するときは，その認定を取り消すことができる。

（1）　正当な理由がないのに，認定計画に係る特定基地局を当該認定計画にしたがって開設せず，または認定計画に係る既に開設されている特定基地局であって，その無線設備に電波の有効利用に資すると認められる機能を付与した基地局を当該認定計画に従って運用していないと認めるとき。

（2）　正当な理由がないのに，認定計画に係る開設指針に定める納付の期限までに第27条の13の規定による認定を受けた者が納付すべき金銭を納付していないとき。

（3）　不正な手段により開設計画の認定を受け，または周波数指定の変更を行わせたとき。

（4）　認定開設者が電波法に規定する罪を犯し，罰金以上の刑に処せられることに至ったとき。

（5）　電気通信業務を行うことを目的とする特定基地局に係る認定開設者が次のいずれかに該当するとき。

a.　電気通信事業法第12条第1項の規定により同法第9条の登録を拒否されたとき

b.　電気通信事業法第12条の2第1項の規定により同法第9条の登録がその効力を失ったとき

c. 電気通信事業法第13条第4項において準用する同法第12条第1項の規定により同法第13条第1項の変更登録を拒否されたとき（当該変更登録が認定計画に係る特定基地局に関する事項の変更に係るものである場合に限る。）

xii. 無線局の免許の取消し等（第75条）

（ⅰ）　総務大臣は，免許人等が電波法，放送法もしくはこれらの法律に基づく命令またはこれらに基づく処分に違反したときは，3箇月以内の期間を定めて無線局の運用の停止を命じ，または期間を定めて運用許容時間，周波数もしくは空中線電力を制限することができる。

（ⅱ）　総務大臣は，包括免許人または包括登録人が電波法，放送法もしくはこれらの法律に基づく命令またはこれらに基づく処分に違反したときは，3箇月以内の期間を定めて，包括免許または第27条の29第1項の規定による登録に係る無線局の新たな開設を禁止することができる。

（ⅲ）　総務大臣は，（ⅰ）および（ⅱ）の規定によるほか，登録人が電波法第3章に定める技術基準に適合しない無線設備を使用することにより他の登録局の運用に悪影響を及ぼすおそれがあるとき，その他登録局の運用が適正を欠くため電波の能率的な利用を阻害するおそれが著しいときは，3箇月以内の期間を定めて，その登録に係る無線局の運用の停止を命じ，運用許容時間，周波数もしくは空中線電力を制限し，または新たな開設を禁止することができる。

（ⅳ）　総務大臣は，免許人（包括免許人を除く。）が次の各号のいずれかに該当するときは，その免許を取り消すことができる。

（1）　正当な理由がないのに，無線局の運用を引き続き6箇月以上休止したとき。

（2）　不正な手段により無線局の免許もしくは変更の許可（第17条）を受け，または周波数の指定の変更（第19条）を行わせたとき。

（3）　第76条第1項の規定による命令または制限に従わないとき。

（4）　免許人が電波法に規定する罪を犯し，罰金以上の刑に処されるに至ったとき。

（ⅴ）　総務大臣は，包括免許人が次の各号のいずれかに該当するときは，その包括免許を取り消すことができる。

　　（1）　第27条の5第1項第4号の期限（第27条の6第1項の規定による期限の延長があったときは，その期限）までに特定無線局の運用を全く開始しないとき。

　　（2）　正当な理由がないのに，その包括免許に係るすべての特定無線局の運用を引き続き6箇月以上休止したとき。

　　（3）　不正な手段により包括免許もしくは第27条の8第1項の許可を受け，または第27条の9の規定による指定の変更を行わせたとき。

　　（4）　（ⅰ）の規定による命令もしくは制限または（ⅱ）の規定による禁止に従わないとき。

　　（5）　免許人が電波法に規定する罪を犯し，罰金以上の刑に処されるに至ったとき。

（ⅵ）　総務大臣は，（ⅳ）および（ⅴ）の規定によるほか，電気通信業務を行うことを目的とする無線局の免許人等が次の各号のいずれかに該当するときは，その免許等を取り消すことができる。

　　（1）　電気通信事業法第12条第1項の規定により同法第9条の登録を拒否されたとき。

　　（2）　電気通信事業法第13条第4項において準用する同法第12条第1項の規定により同法第13条第1項の変更登録を拒否されたとき（当該変更登録が無線局に関する事項の変更に係るものである場合に限る。）。

　　（3）　電気通信事業法第15条の規定により同法第9条の登録を抹消されたとき。

（ⅶ）　総務大臣は，（ⅳ）（（4）を除く。）および（ⅴ）（（5）を除く。）の規定により免許の取消しをしたときは，当該免許人等であった者が受けている他の無線局の免許等または第27条の14第1項の開設計画の認定を取り消すことができる。

（3）　その他　……………………………………………………………………………………

ⅰ．NTT東日本およびNTT西日本と，当社をはじめとする他の電気通信事業者との接続条件等の改善については，公正競争条件を整備し利用者の利便性向上に資する観点から，電気通信事業法（1997年法律第97号，1997年11月17日改正施行）により，NTT東日本およびNTT西日本は指定電気通信設備を設置する第一種指定電気通信事業者として接続料金および接続条件を定めた接続約款の認可を受けることが必要とされています。

　　また，（株）NTTドコモ，KDDI（株），沖縄セルラー電話（株），Wireless City Planning（株），UQコミュニケーションズ（株）および当社は，接続約款を届け出る義務等を負う第二種指定電気通信設備を設置する電気通信事業者に指定されています。

ⅱ．NTT東日本とNTT西日本の第一種指定電気通信設備と接続する際の接続料は，電気通信事業法第33条に基づく「接続料規則」に拠って算定されています。

　　2022年度に適用される音声通話等接続料につきましては，2022年3月22日にNTT東日本およびNTT西日本より接続約款変更の認可申請がなされ，2022年5月27日に認可されました。2023年度に適用される音声通話等接続料につきましては，2023年3月17日にNTT東日本およびNTT西日本より接続約款変更の認可申請がなされ，2023年5月26日に認可されました。

　　2022年度に適用される加入光ファイバ，ドライカッパ，接続専用線，公衆電話，番号案内等の接続料金の接続料金につきましては，2022年1月7日にNTT東日本およびNTT西日本より接続約款変更の認可申請がなされ，2022年3月28日に認可されました。なお，2023年度以降に適用されるドライカッパ，接続専用線，公衆電話，番号案内等の接続料金につきましては，2023年1月16日にNTT東日本およびNTT西日本より接続約款変更の認可申請がなされ，2023年3月24日に認可されました。2023年度に適用される加入光ファイバの接続料金につきましては，2023年5月22日にNTT東日本およびNTT西日本より接続約款変更の認可申請がなされています。

　　また，2021年度以降に適用されるイーサネットフレーム伝送機能，次世代ネットワークの接続料金につきましては，2021年3月22日にNTT東日本お

よびNTT西日本より接続約款変更の認可申請がなされ，2021年6月2日に認可されています。

4 関係会社の状況

名称	住所	資本金又は出資金	主要な事業の内容	議決権の所有又は被所有割合(%)	関係内容
（親会社）					
ソフトバンクグループ㈱ (注)4、5	東京都港区	238,772 百万円	持株会社	被所有 40.5 (40.5)	役員の兼任 3名
ソフトバンクグループジャパン㈱ (注)5	東京都港区	188,798 百万円	持株会社	被所有 40.5	役員の兼任 2名
（子会社）					
Wireless City Planning㈱ (注)6	東京都港区	18,899 百万円	コンシューマ事業 法人事業	31.8	役員の兼任 1名 当社へ貸付を行っている。 当社はAXGP卸サービス（パケット通信による電気通信サービス）の提供を受けている。
SBパワー㈱	東京都港区	400 百万円	コンシューマ事業	100.0	役員の兼任 1名
SBモバイルサービス㈱	東京都港区	10 百万円	コンシューマ事業	100.0	―
㈱イーエムネットジャパン (注)4、6	東京都新宿区	317 百万円	法人事業	41.2	―
SBエンジニアリング㈱	東京都江東区	100 百万円	法人事業	100.0	役員の兼任 1名
㈱IDCフロンティア	東京都千代田区	100 百万円	法人事業	100.0	当社へ貸付を行っている。
SB C&S㈱	東京都港区	500 百万円	流通事業	100.0	役員の兼任 1名 当社から借入を行っている。
Aホールディングス㈱ (注)3、6	東京都港区	100 百万円	ヤフー・LINE事業	50.0	役員の兼任 3名
Zホールディングス㈱ (注)3、4、7	東京都千代田区	247,094 百万円	ヤフー・LINE事業	64.5 (64.5)	役員の兼任 1名
ヤフー㈱ (注)3、7	東京都千代田区	300 百万円	ヤフー・LINE事業	100.0 (100.0)	役員の兼任 1名
アスクル㈱ (注)3、4、6	東京都江東区	21,190 百万円	ヤフー・LINE事業	45.0 (45.0)	―
バリューコマース㈱ (注)4	東京都千代田区	1,728 百万円	ヤフー・LINE事業	51.9 (51.9)	―
㈱ZOZO (注)4	千葉市稲毛区	1,360 百万円	ヤフー・LINE事業	51.0 (51.0)	役員の兼任 1名
㈱一休	東京都千代田区	400 百万円	ヤフー・LINE事業	100.0 (100.0)	―
PayPay銀行㈱ (注)3、6	東京都新宿区	72,217 百万円	ヤフー・LINE事業	46.6 (46.6)	―
LINE㈱ (注)3、7	東京都新宿区	34,201 百万円	ヤフー・LINE事業	100.0 (100.0)	―
LINE SOUTHEAST ASIA CORP. PTE. LTD. (注)3	シンガポール	220,500 千米ドル	ヤフー・LINE事業	100.0 (100.0)	―
LINE Financial Plus Corporation (注)3	大韓民国 京畿道城南市	236,738 百万ウォン	ヤフー・LINE事業	100.0 (100.0)	―

名称	住所	資本金又は出資金	主要な事業の内容	議決権の所有又は被所有割合(%)	関係内容
LINE Pay㈱ (注)3	東京都品川区	21,535 百万円	ヤフー・LINE事業	100.0 (100.0)	—
LINE Plus Corporation	大韓民国 京畿道城南市	25,032 百万ウォン	ヤフー・LINE事業	100.0 (100.0)	—
LINE Financial㈱	東京都品川区	100 百万円	ヤフー・LINE事業	100.0 (100.0)	—
PayPay㈱ (注)3	東京都港区	116,452 百万円	金融事業	69.8 (63.8)	役員の兼任 1名

名称	住所	資本金又は出資金	主要な事業の内容	議決権の所有又は被所有割合(%)	関係内容
PayPay証券㈱	東京都千代田区	10,225 百万円	金融事業	51.0 (0.9)	—
PayPayカード㈱	東京都千代田区	100 百万円	金融事業	100.0 (100.0)	—
SBペイメントサービス㈱	東京都港区	6,075 百万円	金融事業	100.0	役員の兼任 2名 当社へ貸付を行っている。
HAPSモバイル㈱	東京都港区	15,844 百万円	Solar HAPSおよびNW機器の研究、開発、製造、運用、管理	100.0	役員の兼任 1名 当社から借入を行っている。
アイティメディア㈱ (注)4	東京都千代田区	1,834 百万円	IT総合情報サイト「ITmedia」の運営	52.6 (52.6)	—
SBテクノロジー㈱ (注)4	東京都新宿区	1,270 百万円	クラウドサービス、セキュリティ運用監視サービス、IoTソリューションの提供	54.1	—
サイバートラスト㈱ (注)4	東京都港区	806 百万円	IoT事業、認証・セキュリティ事業、Linux/OSS事業	58.0 (58.0)	—
その他210社					
(関連会社および共同支配企業)					
C Channel㈱ (注)4	東京都港区	10 百万円	メディア事業、eコマース事業、海外事業	29.0	役員の兼任 1名
㈱ジーニー (注)4	東京都新宿区	1,550 百万円	マーケティングテクノロジー事業	31.7	—
㈱出前館 (注)4	東京都渋谷区	100 百万円	インターネットサイト「出前館」の運営、およびそれに関わる事業	36.9 (36.9)	—
LINE Bank Taiwan Limited	台湾台北市	15,000 百万台湾ドル	台湾の銀行サービス運営	49.9 (49.9)	—
Webtoon Entertainment Inc.	米国 カリフォルニア州	32 千米ドル	モバイルコンテンツサービスの運営	32.4 (32.4)	—
DiDiモビリティジャパン㈱	東京都港区	100 百万円	「DiDi」の日本市場での提供およびそれに付帯する事業	50.0	—

WeWork Japan合同会社	東京都港区	6百万円	コワーキングスペースの提供	25.0	役員の兼任 1名
MONET Technologies㈱	東京都千代田区	2,500百万円	オンデマンドモビリティサービス、データ解析サービス、Autono-MaaS事業	37.3	役員の兼任 1名
その他66社					

(注)1 「主要な事業の内容」欄には、報告セグメントに属している子会社についてはセグメント情報に記載された名称を記載しています。また、親会社、その他の事業に属している子会社、関連会社および共同支配企業については事業の内容を記載しています。

2 「議決権の所有又は被所有割合」欄の(内書)は間接所有割合又は間接被所有割合です。また、合同会社については、「議決権の所有又は被所有割合」欄に当社の出資割合を記載しています。

3 特定子会社に該当します。

4 発行者情報または有価証券報告書の提出会社です。

5 ソフトバンクグループ(株)はソフトバンクグループジャパン(株)の議決権を100%所有しています。

6 議決権の所有割合は100分の50以下ですが、当社が支配していると判断し、子会社としました。

7 Zホールディングス(株)は、2023年4月28日に開催された同社の取締役会において、同社ならびにLINE(株)およびヤフー(株)を中心としたグループ内再編に係る契約の締結時期(予定)および完了時期(効力発生日)(予定)について決議しました。グループ内再編の完了時期(効力発生日)は2023年10月1日を予定しており、また、同日をもって商号をLINEヤフー(株)に変更する予定です。

5 従業員の状況

(1) 連結会社の状況

2023年3月31日現在

セグメントの名称	従業員数(名)
コンシューマ	7,463 (5,243)
法人	6,928 (1,578)
流通	2,280 (476)
ヤフー・LINE	25,394 (12,481)
金融	3,390 (328)
その他	2,805 (1,279)
全社(共通)	6,726 (569)
合計	54,986 (21,954)

(注)1 従業員数は、当社グループから当社グループ外への出向者を除き、当社グループ外から当社グループへの出向者を含む就業人員数です。

2 従業員数欄の（外書）は，臨時従業員の年間平均雇用人員です。

3 全社（共通）は，当社の技術部門および管理部門の従業員です。

4 前連結会計年度末に比べ従業員数が5,405名，臨時従業員数が858名それぞれ増加しております。主な理由は，2022年10月にPayPay（株）の優先株式の全てを普通株式に転換し，同社を子会社化したことによるものです。

(2) 提出会社の状況 ···

2023年3月31日現在

従業員数(名)	平均年齢(歳)	平均勤続年数(年)	平均年間給与(千円)
19,045 (4,523)	40.8	13.5	8,049

セグメントの名称	従業員数(名)
コンシューマ	6,326 (2,818)
法人	5,993 (1,130)
その他	— (6)
全社(共通)	6,726 (569)
合計	19,045 (4,523)

(注) 1 従業員数は，当社から他社への出向者を除き，他社から当社への出向者を含む就業人員数です。

2 従業員数欄の（外書）は，臨時従業員の年間平均雇用人員です。

3 平均年間給与は，賞与および基準外賃金を含んでいます。また，休職者・休業者は含みません。

4 全社（共通）は，当社の技術部門および管理部門の従業員です。

(3) 労働組合の状況 ···

当社の労働組合には，ソフトバンク労働組合および国鉄労働組合があります。また，連結子会社の一部に労働組合が結成されています。労使関係は良好であり，特記する事項はありません。

■ 事業の状況

1　経営方針，経営環境及び対処すべき課題等

　文中における将来に関する事項は，本書提出日現在において当社グループが判断したものです。

(1)　経営理念

　当社グループは，「情報革命で人々を幸せに」という経営理念のもと，創業以来一貫して情報革命を通じた人類と社会への貢献を推進してきました。情報・テクノロジー領域においてさまざまな事業に取り組み，「世界の人々から最も必要とされる企業グループ」を目指し，企業価値の最大化に取り組んでいます。

(2)　マテリアリティ（重要課題）

　上記の経営理念に基づき，社会インフラを提供する当社グループは，本業を通じて，さまざまな社会課題の解決に貢献すべく，「すべてのモノ・情報・心がつながる世の中」の実現を通じて，持続可能な社会の維持に貢献し，中長期的な企業価値向上を達成すべく，当社グループが優先的に取り組むべき課題として，6つのマテリアリティ（重要課題）を特定しています。各マテリアリティ（重要課題）の概要については，「2サステナビリティに関する考え方及び取組 (2) サステナビリティ全般c. 戦略及び指標と目標ⅱ. マテリアリティ（重要課題）」をご参照ください。

(3)　経営方針

a. 経営環境

　世の中を取り巻く環境は，かつてない変革期を迎えています。世界および日本の景況感は，インフレ懸念の拡大や緊迫した国際情勢も加わり，非常に不透明かつ不安定な状況が継続しています。一方で，2020年より世界的に感染が拡大した新型コロナウイルス感染症は，人々にテレワークやオンラインショッピング，非接触型決済などの利用を動機づけ，生活やビジネスのあらゆる場面がデジタル化されるきっかけとなりました。同年3月に商用サービスが開始された第5世代

移動通信システム（5G）をはじめ，AI，IoT，ビッグデータ，ブロックチェーンなどの最先端テクノロジーにより今後も社会のデジタル化は一層進展し，産業そのものの構造が変わるデジタルトランスフォーメーション（「DX」）（注）が一段と加速していくとみられています。

　加えて，対話型の人工知能「ChatGPT」に代表される生成AI（文章，画像，プログラムコードなどの様々なコンテンツを生成することのできる人工知能）の登場により，今後経営環境が大きく変化する可能性があると考えています。生成AIは，ビジネスの生産性向上などに大きく寄与することが期待される一方で，個人情報の保護や情報流出の懸念，データ処理に膨大な電力を要することによる環境負荷などのリスクが指摘されており，一部の国では規制を検討する動きもみられています。

（注）　デジタルトランスフォーメーション（DX）とは，企業が，データとデジタル技術を活用して，組織，プロセス，業務等を変革していくことです。

b. 中期経営計画（2023年度〜2025年度）

　当社は長期的に「デジタル化社会の発展に不可欠な次世代社会インフラを提供する企業」を目指します。これは，AIの加速度的な進化により急増すると予見されるデータ処理や電力の需要に対応できる構造を持ったインフラを構築し，未来の多様なデジタルサービスを支える不可欠な存在となることを意図しています。当社は，この実現のために必要となるテクノロジーを特定し，これまで様々な準備を行ってきました。2023年度から2025年度における中期経営計画では，この実現に向けた事業基盤の再構築を目指します。

c. 事業戦略

　当社グループの掲げる成長戦略「Beyond Carrier」は，コアビジネスである通信事業の持続的な成長を図りながら，通信キャリアの枠を超え，情報・テクノロジー領域のさまざまな分野で積極的にグループの事業を拡大することで，企業価値の最大化を目指すものです。また，通信事業とそれらのグループ事業との連携を強化することで，通信事業の競争力を強化するとともに，グループ事業のサービス利用者数の拡大やユーザーエンゲージメントの向上といったシナジーを創出することを推進しています。

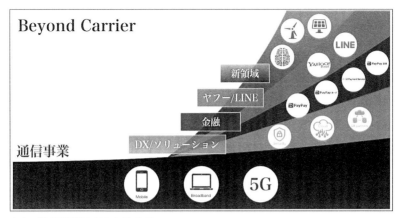

（a）　通信事業のさらなる成長

　当社グループのビジネスの基盤となる通信事業では，5Gの展開やスマートフォン・ブロードバンドの契約数の拡大，モバイルサービスにおけるARPU（1契約当たりの月間平均収入）の向上を図ることで，さらなる成長を目指します。

ⅰ．スマートフォン契約数の拡大

　　当社グループは特長の異なる3つのモバイルブランドを展開することで，大容量ユーザーから節約志向まで，幅広いユーザーのニーズに応えています。引き続き，ポータルサイト「Yahoo! JAPAN」の各種サービスやコミュニケーションサービス「LINE」，キャッシュレス決済サービス「PayPay」といった，当社グループが提供するさまざまなサービスとの連携を強化することで，スマートフォン契約数の着実な拡大を図ります。また，「SoftBank 光」を中心とする家庭向け高速インターネットサービスについても，販売の拡大に注力します。

ⅱ．モバイルサービスにおけるARPUの向上

　　当社グループはモバイルサービスにおいて，セキュリティや端末保証，エンターテインメント，店舗でのサポートなどの領域で，ユーザーにとって魅力的な付加価値サービスを拡充することにより，ARPUの向上を図ります。

ⅲ．5Gの展開

　　当社グループが2020年3月に商用サービスの提供を開始した5Gは，人口カバー率90％を突破し，その後もエリアを拡大しています。これまではノンス

タンドアローン方式と呼ばれる5Gサービスで，超高速・大容量の通信のみを実現していました。今後はスタンドアローン方式と呼ばれる5Gサービスの高度化を順次進めることにより，超高速・大容量，超低遅延，多数同時接続の通信を実現し，これらの特長を生かした5Gサービスの提供を目指しています。

一方，設備投資については，既存の基地局サイトを最大限に活用するほか，他社との協業，通信設備の効率化などのさまざまな工夫を行うことで，コスト効率化を図ります。

(b) 法人事業におけるDX／ソリューションビジネスの拡大

当社グループは，法人顧客向けに通信サービスを提供することに加えて，急速に拡大する企業のデジタル化ニーズに応えたDX／ソリューション商材の販売に注力し，新規顧客の獲得および顧客1社当たりの取引額拡大を目指します。また，社員のリスキルや採用活動を通じてデジタル人材を確保し，企業の抱える課題を解決する高付加価値なソリューションの提案を行います。さらに最先端テクノロジーの知見を駆使し，社会課題の解決に繋がる新事業の創出を目指します。

(c) ヤフー・LINE事業の成長

当社グループはヤフー・LINE事業において，ポータルサイト「Yahoo! JAPAN」やコミュニケーションサービス「LINE」など，日本最大級のユーザー基盤を有するインターネットサービスを提供しています。同事業では，検索やニュース，オンラインショッピングなど，多様なサービスを展開しています。

ⅰ．コマース領域の成長

オンラインショッピングなどを扱うコマース領域では，ユーザーのニーズが多様化する中，「Yahoo!ショッピング」や「ZOZOTOWN」など，特長の異なる複数のコマースサービスを展開することで幅広いユーザーの取り込みを図っています。今後は，オンラインとオフラインの融合や配送品質の向上，コミュニケーションを軸とした新たなショッピング体験の追求を通じて，eコマース取扱高の成長と収益性の両立を目指します。

ⅱ．メディア・戦略領域の拡大

インターネット広告などを扱うメディア領域では，広告の表示デザインの改善や配信精度の向上などにより広告単価を高めることで，既存広告の売上の最

生産，受注及び販売の状況

生産高よりも販売高の金額の方が大きい場合は，作った分よりも売れていることを意味するので，景気が良い，あるいは会社のビジネスがうまくいっていると言えるケースが多い。逆に販売額の方が小さい場合は製品が売れなく，在庫が増えて景気が悪くなっていると言える場合がある。

大化を図るとともに，新たなマーケットの開拓にも取り組みます。

(d) 金融事業の成長

当社は2022年度第3四半期より金融事業を新設しました。金融事業には，PayPay（株）とPayPayカード（株）に加えて，決済代行サービスを提供するSBペイメントサービス（株）やスマートフォン専業の証券サービスを提供するPayPay証券（株）などが含まれます。

ⅰ．「PayPay」のさらなる成長と周辺金融サービスの成長促進

　　2023年4月から解禁されたデジタル給与払いへの参入など新たな機会を捉えるとともに，グループシナジーで「PayPay」のさらなる成長を図ります。加えて，「PayPay」の決済プラットフォームとしての強みを生かし周辺金融サービスの成長を促進することにより，当社グループの金融事業の拡大を目指します。

ⅱ．決済代行サービスの決済取扱高の最大化

　　SBペイメントサービス（株）が提供する決済代行サービスにおいては，当社の通信料金などの決済以外の領域（非通信領域）における決済機会を積極的に取り込み，決済取扱高の最大化を図ります。

(e) 新規事業の創出・拡大

当社グループが有する通信，eコマース，決済，SNSといった異なる複数の分野における数千万人規模のユーザー基盤を強みに，AI，FinTech，モビリティ，ヘルスケア，再生可能エネルギーなどの領域で，最先端テクノロジーを活用した革新的な新規事業の創出・拡大を目指します。

(f) コスト効率化

当社グループは，事業投資を機動的に実施する一方で，コストの効率化に継続的に取り組みます。RPA/AI等を活用した業務の自動化や，在宅勤務・サテライトオフィスを活用したテレワークの推進により，社員一人当たりの生産性の向上を図ります。また，PHS・3GサービスやADSLサービスの終了などに合わせ，通信設備の最適化を実施します。加えて，グループ企業との共同購買や，グループ企業を活用した業務の内製化などを推進し，グループ全体のコスト効率化を図ります。

⟨point⟩ 対処すべき課題

有報のなかで最も重要であり注目すべき項目。今，事業のなかで何かしら問題があればそれに対してどんな対策があるのか，上手くいっている部分をどう伸ばしていくのかなどの重要なヒントを得ることができる。また今後の成長に向けた技術開発の方向性や，新規事業の戦略ついての理解を深めることができる。

d. 財務戦略

当社グループは，調整後フリー・キャッシュ・フロー（注）を重要な経営指標と考えています。高い株主還元を維持しながら，成長への投資を実施していくため，今後も安定的な調整後フリー・キャッシュ・フローの創出を図ります。また，健全な財務体質を維持しつつ，適切な財務レバレッジを伴った資本効率の高い経営を行っていきます。

(注) 調整後フリー・キャッシュ・フローの算定方法は，「4 経営者による財政状態，経営成績及びキャッシュ・フローの状況の分析(4)＜財務指標に関する説明＞IFRSに基づかない指標」をご参照ください。

2 サステナビリティに関する考え方及び取組

(1) 当社の考えるサステナビリティ

経営理念の「情報革命で人々を幸せに」を具現化するとともに，「世界に最も必要とされる会社」の当社ビジョン実現に向けて，持続可能な社会づくりへの貢献と当社の持続的な成長の両立を目指していくことであると考えています。現在だけでなく，中長期的な外部環境や事業環境の変化を踏まえ，当社の事業活動および企業活動を通じて，経済・社会・環境の価値を向上させることにより，さまざまなステークホルダーと新たな価値共創の実践を図り，持続可能な社会への貢献と当社の持続可能な成長を通じた企業価値の向上を目指します。

・サステナビリティに関するスタンス

お客さま，株主，取引先，従業員をはじめとするステークホルダーの皆さまからの信頼とご支持を，持続的な成長への礎とするため，サステナビリティを支える指針として「サステナビリティ基本方針」を定めています。

サステナビリティ基本方針

当社は，すべてのモノ・情報・心がつながる持続可能な社会の実現に向け，企業活動や事業を通じて，さまざまな社会課題の解決に取り組んでいきます。

・お客さま本位の企業活動を通じて驚きと安心とうれしいを提供します。
・株主の期待に沿えるよう，成長への挑戦を忘れず，透明で公正な情報開示をします。
・従業員のやりがいと誇り，個性がいかされ，平等で多様性に富んだ環境を大切にします。
・取引先との相互の信頼と公正な取引関係（腐敗・汚職の防止等）を築きます。
・情報化社会の推進，次世代育成，多様な社会への対応，環境・資源・生物多様性保護への対応，災害対策・復興支援など，幸せな未来の社会づくりに貢献します。

(point) 事業等のリスク

「対処すべき課題」の次に重要な項目。新規参入により長期的に価格競争が激しくなり企業の体力が奪われるようなことがあるため，その事業がどの程度参入障壁が高く安定したビジネスなのかなど考えるきっかけになる。また，規制や法律，訴訟なども企業によっては大きな問題になる可能性があるため，注意深く読む必要がある。

(2) サステナビリティ全般 ⋯⋯⋯⋯⋯⋯⋯⋯⋯⋯⋯⋯⋯⋯⋯⋯⋯⋯⋯

a. ガバナンス

ーサステナビリティ推進体制

　当社は，サステナビリティ基本方針を制定するとともに，成長戦略とサステナビリティを統合して推進するためにガバナンス体制を構築しています。取締役会では，気候変動や人的資本を含むサステナビリティに関する重要事項を審議・決議し，最高意思決定機関として，サステナビリティ推進状況を監督する体制を整えています。さらに，取締役会の諮問機関としてESG推進委員会（委員長：宮川潤一）を設置しています。ESG推進委員会では，社内のサステナビリティに関連する情報・活動についてESGを中心に当社が取り組むべき社会課題の調査や，活動計画の策定などを年4回以上行っています。また，取締役会に対して活動内容を報告し，当社の経営にサステナビリティの視点・意識を反映しています。

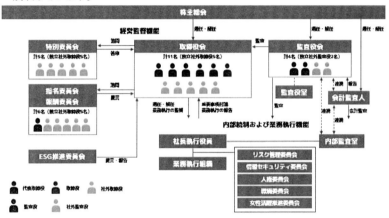

ーサステナビリティ執行体制

　代表取締役社長執行役員兼CEOの宮川潤一がESG推進の最高責任者として，ソフトバンクおよび子会社，当社グループ全体のサステナビリティ対応の責任を担います。ESG推進室は，当社グループのサステナビリティ活動の中心となってリードするために設置されました。専務執行役員兼CHRO（最高人事

責任者）の青野史寛がESG推進の担当役員として指揮を執っています。また，当社の各部門および子会社にはそれぞれESG推進の責任者を設け，事業内容に合わせたさまざまな活動を行っている他，ESG推進室と連携しグループ一体となることで，効果を高められるよう取り組んでいます。さらに，以下の各委員会とも連携することで，サステナビリティ課題に迅速に対応します。

リスク管理委員会

リスク管理委員会では，リスクの重要度や対応する責任者（リスクオーナー）を定め，対策指示等を行い，状況を取締役会に報告します。

情報セキュリティ委員会

最高情報セキュリティ責任者（CISO）を委員長として，各部門の情報セキュリティ管理担当者などで構成する情報セキュリティ委員会（ISC）を設け，全社横断的な組織として情報セキュリティ施策の推進・管理に努めています。

人権委員会

当社の人権推進活動は，取締役会の承認を受けた「ソフトバンク人権ポリシー」の考え方の下，委員長に代表取締役社長執行役員兼CEO，委員にコンシューマ事業，法人事業，テクノロジーユニット，事業開発，財務，コーポレートを統括する役員，および人事本部，総務本部，法務・リスク管理本部，CSR本部の本部長をメンバーとする「人権委員会」を中心に行われています。当委員会では人権デュー・ディリジェンスの管理，人権侵害の恐れのある事項の調査・対処および人権に関する研修の企画・実施による人権意識の内部浸透などの日々の活動を通じ，当社の人権活動を推進しています。

環境委員会

国際規格ISO14001に準拠した環境マネジメント体制構築のため，ESG推進の担当役員の監督のもと，環境に関する事柄全般を検討する横断的な組織として環境委員会を設置し，全社的な環境保全活動を推進しています。

女性活躍推進委員会

女性管理職比率を2035年度までに20%とする目標を掲げ，2021年7月1日より代表取締役社長執行役員兼CEOと役員などで構成する「女性活躍推進委員会」を設置し，女性活躍の推進・強化に向けた方針や新たな施策に関する

議論，各施策の進捗の確認等を実施しています。

b. リスク管理

当社は，特定したマテリアリティを考慮したサステナビリティに関するリスク（気候変動，人材の育成・確保など）を含め，全社的なリスクを統合的に管理しています。半期毎に，代表取締役社長執行役員兼CEO，代表取締役副社長執行役員兼COO，取締役専務執行役員兼CFO等を委員とし監査役や関係部門長などが参加するリスク管理委員会を開催し，リスクの評価とモニタリング，およびリスクの見直しを行っています。具体的なリスクの内容，管理体制は「3 事業等のリスク」をご参照ください。

c. 戦略及び指標と目標

i. サステナビリティ戦略

当社は，「すべてのモノ・情報・心がつながる世の中を」を掲げるとともに，そのコンセプトを実現していくためのテーマとして，6つのマテリアリティ（重要課題）を特定しています。これらは持続可能な社会への貢献とともに，当社の持続可能な成長をしていくためのキードライバーとして捉え，将来のあるべき姿の実現に向けたビジョナリーなマテリアリティとなっています。

ⅱ．マテリアリティ（重要課題）

　　6つの「マテリアリティ（重要課題）」は，事業活動で社会課題の解決を図っていく「DXによる社会・産業の構築」「人・情報をつなぎ新しい感動を創出」「オープンイノベーションによる新規ビジネスの創出」に加え，企業活動を通じて社会課題の解決を図る「テクノロジーのチカラで地球環境へ貢献」「質の高い社会ネットワークの構築」「レジリエントな経営基盤の発展」により構成しています。また，この6つマテリアリティは，経営理念の「情報革命で人々を幸せに」を具現化するとともに，成長戦略「Beyond Carrier」とをつなぐ重要な羅針盤であると考えています。

a．デジタルトランスフォーメーション（DX）による社会・産業の構築

　　5GやAIなどの最新のテクノロジーを活用し，新しい産業を創出するとともに，世の中のさまざまなビジネスを変革していくためのソリューションを提供します。

b．人・情報をつなぎ新しい感動を創出

　　スマートデバイスの普及を促進し，これらを活用した新しい体験の提供を通じてお客さまの豊かなライフスタイルを実現すると同時に，人・情報をつなぐ魅力的なプラットフォームを提供し，お客さまとパートナー双方に価値を生み出します。

c．オープンイノベーションによる新規ビジネスの創出

　　新規ビジネスの創出および最新のテクノロジーやビジネスモデルを日本で展開するとともに，新たなビジネスの拡大や普及を支えていく高度な人材の育成と組織の構築を推進します。

d．テクノロジーのチカラで地球環境へ貢献

　　持続可能性のある地球を次の世代につなぐため，最新のテクノロジーを活用し，気候変動への対応や循環型社会の推進，自然エネルギーの普及に貢献します。

e．質の高い社会ネットワークの構築

　　通信ネットワークはライフラインであるという考え方に基づき，どんなときでも安定的につながるネットワークの維持に全力を尽くすとともに，お客さま

の大切なデータを保護します。

f．レジリエント（強靭）な経営基盤の発展

　コーポレート・ガバナンス体制の高度化を図るとともに，ステークホルダーの皆さまとの継続的な対話を通じて，社会に信用される誠実な企業統治を行います。また，最新のテクノロジーを活用しながら，多様な人材が活躍できる先進的職場環境を整備するとともに，社員とその家族の健康維持・増進に取り組む健康経営を推進し，イノベーションの創発と従業員の幸福度向上を図ります。

ⅲ．マテリアリティ（重要課題）特定プロセス

　国際ガイドラインや国際会議などでの議論，有識者や投資家の見解など外部（ステークホルダー）の重要度，および各統括・部門・子会社での議論を踏まえた自社の重要度から課題を抽出するとともに，双方の観点に基づく評価により設定しています。また，ダブルマテリアリティの考え方に基づき，社会や環境に対する当社への影響だけではなく，当社が及ぼす社会や環境を含めた各ステークホルダーへの影響についても考慮しています。これらの影響や重要度はマテリアリティおよび創出価値に反映し，取締役会の承認のもと特定しています。

　各マテリアリティは，複数の創出価値（事業や取り組みを通じて創出する価値）を構成し，ビジネスや事業機会の創出につなげています。

ⅳ. マテリアリティ（重要課題）指標と目標

2022年度における目標KPIと実績は以下の通りです。

マテリアリティ	機会	創出価値	目標KPI	実績
DXによる社会・産業の構築	・「情報革命で人々を幸せに」という経営理念の実現、顧客や投資家からの当社の企業活動に対する支持 ・デジタル化を社会実装する各種ソリューションビジネスの拡大 ・高齢化社会対策や地方創生のためのソリューション提供機会の拡大	（1）最先端テクノロジーによる産業基盤拡充と効率化 （2）DXによる新しい産業の創出 （3）地域社会の活性化（地方創生）	ソリューション等売上：CAGR(注1) 10%	15.0%増
人・情報をつなぎ新しい感動を創出	・スマートフォン契約者数拡大と大容量データ使用ユーザーの増加 ・スーパーアプリ提供による非通信領域へのビジネス拡大 ・データドリブンマーケティング深化による収益機会拡大	（1）スマートデバイス普及を通じた魅力的な顧客価値の実現 （2）誰もが情報へアクセスできる環境の提供 （3）ICT活用による新たなライフスタイルと生活基盤の高度化	①スマホ累計契約数：3,000万件（2023年度） ②PayPay登録ユーザ数(注2)：6,000万人	①2,926万件 ②5,664万人
オープンイノベーションによる新規ビジネスの創出	・パートナーとの協業を通じた人材・知見の獲得とスピーディな事業展開により、市場シェアを早期に獲得 ・共創によるイノベーションの進化や深化、参入市場規模や事業規模の拡大	（1）最先端テクノロジーによる新しいビジネスモデルの展開 （2）海外最先端ビジネスのインキュベートとスパイラルアップ （3）成長をけん引する人材採用・育成と事業創出のための仕組みの構築	HAPS商用化に向けた取り組み推進（2027年度）	商用化に向けた取り組み： ・通信技術：フットプリントの固定を実現するシリンダーアンテナの実証実験に成功 ・バッテリー：次世代リチウム金属電池セルの電池パックを開発、成層圏で動作実証に成功 ・その他：ITU-Rの国際標準モデルを実装したHAPS向け電波伝搬シミュレーターを開発

マテリアリティ	機会	創出価値	目標KPI	実績
テクノロジーのチカラで地球環境へ貢献	・IoTなどを活用したエネルギー効率に優れたソリューション市場拡大 ・シェアリングエコノミー関連ビジネスの拡大 ・再生可能エネルギー関連ビジネスの拡大	（1）テクノロジーや事業を通じた気候変動への貢献 （2）循環型社会の推進（サーキュラーエコノミー） （3）自然エネルギー普及を通じた豊かな社会の実現	カーボンニュートラル達成(2030年度)(注3)	・再生可能エネルギーへの切替推進 ・テクノロジーを活用した省エネルギー施策の検討/追加性のある再生可能エネルギー導入の検討(注4)
質の高い社会ネットワークの構築	・5Gエリア全国展開による通信の高速・大容量化を反映したARPUの向上と収益拡大 ・自動運転や遠隔医療など5Gを活用した新たな産業やサービスの展開 ・高い通信品質やセキュリティへの信頼性に対する顧客満足度の向上	（1）持続的な生活インフラの整備 （2）防災・減災に貢献する盤石な通信インフラ構築 （3）データセキュリティとプライバシー保護の取り組みの推進	5G展開計画：基地局数5万局超(2022年) 人口カバー率90.6%超(2022年度)	・基地局数：5万局達成 ・人口カバー率90.6%達成
レジリエント（強靭）な経営基盤の発展	・コーポレート・ガバナンスやサプライチェーンマネジメントに対する投資家の信認 ・働き方改革、ダイバーシティ推進によるモチベーションの向上とイノベーションの創発 ・先進的なワークスタイルによる生産性向上、培った業務プロセスの改革やノウハウの商材化	（1）コーポレート・ガバナンスの高度化と実効性の担保 （2）ステークホルダーとの協働による持続的な発展 （3）社員の幸福度向上とダイバーシティ＆インクルージョン （4）先進的な職場環境による生産性の向上	女性管理職比率：20%以上(2035年度) ーその過程である2030年度には15%以上(2021年度比で2倍)を実現	8.6%

(注) 指標と目標KPIおよび実績の範囲は，特に記載がない限り，ソフトバンク（株）のみが対象

(注1) 当社グループで集計，CAGR：年平均成長率

(注2) PayPay（株）のみが対象

(注3) 当社のScope1（自らによる温室効果ガスの直接排出）およびScope2（他社から供給された電気，熱・蒸気の使用に伴う間接排出）の合計が対象

(注4) 従来の再生可能エネルギーの活用に加えて，新たな再生可能エネルギー電源拡大に寄与するための検討を実施

　当社は，環境の変化にいち早く対応するため，原則毎年目標KPIを見直しております。最新年度の目標KPIは以下の通りです。

マテリアリティ	目標KPI
DXによる社会・産業の構築	ソリューション等事業売上：CAGR10%（注1）
人・情報をつなぎ新しい感動を創出	スマホ累計契約数：3,000万件（2023年度）
	PayPay登録ユーザー数：6,000万人（注2）
オープンイノベーションによる新規ビジネスの創出	HAPS商用化の実現に向けた取り組み推進 ‐HAPS実現に向けた要素技術の開発 　：高性能軽量バッテリー商用化（2025年度） 　：成層圏対応高効率軽量モーター実用化（2027年度） 　：通信サービス提供に向けた成層圏対応無線機開発 　（2027年度）
テクノロジーのチカラで地球環境へ貢献	ネットゼロ達成（2050年度）、カーボンニュートラル達成（2030年度）
質の高い社会ネットワークの構築	5G SA（スタンドアローン）エリア拡大：全都道府県主要部スマホSA化（2026年度）
レジリエント（強靱）な経営基盤の発展	女性管理職比率：15%以上（2030年度）、20%以上（2035年度）

（注）指標と目標KPIおよび実績の範囲は，特に記載がない限り，ソフトバンク（株）のみが対象

（注1）当社グループで集計，CAGR:年平均成長率

（注2）PayPay（株）のみが対象

（3）　気候変動 ・・・

TCFD提言にもとづく情報開示

　当社は，気候変動への取り組みをマテリアリティ（重要課題）の1つと認識し，ネットゼロへの取組を強化しています。2020年4月にTCFD提言への賛同を表明し，TCFDが企業に推奨する「ガバナンス，戦略，リスク管理，指標と目標」のフレームワークに沿って，積極的な情報開示とその充実に努めています。

a.　ガバナンス

　代表取締役社長執行役員兼CEOの宮川潤一がESG推進の最高責任者として，取締役会の監督のもと，気候変動関連のリスク・機会に関わる戦略などサステナビリティ活動全体の最終責任を負います。また，気候関連リスク等の管理及び取り組みの社内推進，業務遂行を担う機関として，ESG推進の担当役員のもとで，環境委員会を設置しています。環境委員会は，CSR部門の本部長を委員長とし，当社各部門および当社グループの担当者で構成し，気候変動に向けた対応を推進します。

　気候変動を含むサステナビリティ全般のガバナンスについては，「(2) サステナビリティ全般a.　ガバナンス」をご参照ください。

b. リスク管理

気候変動関連のリスクの評価，モニタリング，見直しに関する管理体制は「(2)サステナビリティ全般b. リスク管理」をご参照ください。

c. 戦略

当社は，基地局設備をはじめとし多くの電力を使用する通信事業を行っており，気候変動のリスクを大きく受ける可能性があると認識しています。気候変動により将来起こりうる事象に適応するための戦略を勘案し，急速に脱炭素社会が実現する1.5℃シナリオと気候変動対策が進まず温暖化が進行する4℃シナリオの2つのシナリオ分析を実施し，バリューチェーン上流下流を含む事業に与える財務影響が特に大きい2050年までに発生が予見されるリスクを特定しました。

＜気候変動に関わるリスクと機会＞

1.5℃シナリオでは，電力使用量増加に伴う炭素税をはじめとする法規制リスクが潜在することを特定しました。4℃シナリオでは，海面上昇，気温上昇によるリスクは限定的な一方，豪雨災害による電力断に伴う基地局の停波の発生頻度が増加するリスクを特定しました。また，リスク対応策および機会として2030年度までに事業活動で使用する電力などのエネルギーを全て再生可能エネルギー化するカーボンニュートラル2030を決定し，基地局電力の再生可能エネルギー推進計画や実質再生可能エネルギーの電力提供推進を行っています。

＜ビジネス戦略および財務計画への影響＞

1.5℃シナリオでは，事業に影響を与えるレベルの気候変動による急性あるいは慢性的な物理リスクは生じない一方，気候変動対策の政策・法規制が強化されると仮定し，2025年からCO2換算1t当たり16,000円程度の炭素税が課された場合の影響額を試算しました。4℃シナリオでは，気候変動対策の強化をはじめとする政策・法規制の強化や，技術，市場，評判などの移行リスクは顕在化しない一方，異常気象の激甚化等，気候変動の物理的な影響が生じると仮定しました。例えば，令和2年7月の豪雨災害の場合，約3.3億円の復旧費用を投じました。当社は携帯電話基地局を全国で稼働しており，災害に対する復旧費用等の財務影響に関する分析に基づき予算を確保し迅速に対応できるよ

う備えています。

d. 指標と目標

　気候変動が当社に及ぼすリスクと機会を管理するため，温室効果ガス排出量（Scope1，2，3）をはじめとする環境負荷データの管理を行っています。2021年度の温室効果ガス排出量（Scope1，2）は708,534t-CO2，Scope3は8,685,602t-CO2となりました。

　主な目標として，2030年度までに，事業活動で使用する電力などによる温室効果ガスの排出量を実質ゼロにするカーボンニュートラル目標を設定し，自社が事業で使用する電力のすべての実質再生可能エネルギー化を推進します。また，長期の再生可能エネルギー調達契約を結び，2023年度には自社（注）で使用する電力の50%以上を追加性のある再生可能エネルギー（風力や太陽光などの再生可能エネルギーによる発電からの新規調達）にしていくことで温室効果ガスの排出を削減し，当社のカーボンニュートラル達成と脱炭素社会の実現に貢献します。長期の再生可能エネルギー調達契約は，電気代の高騰影響を受けにくい事業構造へ転換を後押しします。さらに省エネ機器へのリプレイスや空調設備の効率化などネットワーク設備のさらなる省エネ化を推進することにより温室効果ガスの削減に取り組みます。カーボンニュートラル目標の対象は，Scope1（自らによる温室効果ガスの直接排出），およびScope2（他社から供給された電気，熱・蒸気の使用に伴う間接排出）になります。

　また2022年8月には，取引先などで排出される温室効果ガスである「Scope3」（Scope1，2以外の間接排出，事業者の活動に関する他社の排出）の排出量も含めたサプライチェーン排出量を，2050年度までに実質ゼロにする「ネットゼロ」を宣言しました。

　さらに，脱炭素社会の実現により一層の貢献をするべく，2023年6月には，2030年度カーボンニュートラルおよび2050年度ネットゼロの宣言対象範囲を当社グループに拡大しました。

　2022年度の温室効果ガス排出量実績（Scope1，2，3）に関しては，当社ホームページなどに掲載予定です。（2023年7月予定）

（注）　自社および Wireless City Planning 株式会社の合計

(4) 人的資本

　当該事業年度の人的資本に関する記載はソフトバンク（株）単体に関する記載となります。

a. ガバナンス

　人的資本に関するガバナンス体制は，サステナビリティ全般と同様，代表取締役社長執行役員兼CEOの宮川潤一がESG推進の最高責任者として，リスク・機会に関わる戦略などの最終責任を取締役会の監督のもと担っています。人的資本の中でもダイバーシティ（女性活躍推進）と人権については，社内推進，業務遂行を担う機関として，「人権委員会」「女性活躍推進委員会」を設置しています。人権委員会では，人権デュー・ディリジェンスの管理，人権侵害のおそれのある事項の調査・対処，および人権に関する研修の企画・実施による人権意識の内部浸透などの日々の活動を通じ，当社の人権活動を推進しています。女性活躍推進委員会では，外部の有識者をアドバイザーに迎えて，女性活躍推進に向けた本格的な取り組みを推進しています。

b. リスク管理

　人的資本関連のリスクの評価，モニタリング，見直しに関する管理体制は「(2)サステナビリティ全般b.リスク管理」をご参照ください。

c. 人材戦略

　ー人材戦略の方向性

　　当社は，創業以来「情報革命で人々を幸せに」という経営理念の下，「人」と「事業」をつなぎ，双方の成長を実現することを人事ミッションとしています。また，当社ならではの活力を生み出すため，チャレンジする人の可能性を支援し，成果を出した人にはしっかりと応えると共に，多様な人材がいきいきと働く環境を支援する人事ポリシーを貫いています。社員に対する考え方は，従来のように「資源」と捉え管理することから「資本」と捉え活用・成長支援をしていくことにシフトしています。当社では，従来より社員の自己成長や挑戦を後押ししていますが，さらなる事業成長のため，社員がいきいきと働き，今まで以上に成長・挑戦していけるよう，能力開発，エンゲージメント向上，ダイバーシティ・エクイティ＆インクルージョン（DE&I），健康経営など，人的資本への様々な

投資を行っています。

　当社では，特にダイバーシティの推進に従前から力を入れており，多様な人材が活躍できる環境整備や社内周知の徹底，研修実施等に取り組んでいます。当社の事業の多様化が進むとともに，多様な人材活用の必要性が一層高まっており，多様な人材が活躍できる企業風土実現のため，積極的にDE&Iを推進し，ソフトバンクを躍動感のあふれる会社にしていくことを目指しています。

d. 主な取組（社内環境整備）

ーチャレンジ・成長できる環境整備

　新規事業の立ち上げや新会社設立の際には，ジョブポスティング制度でメンバーを公募し，従業員が自己成長・自己実現できる機会を提供しているほか，社内起業制度であるソフトバンクイノベンチャーで独創性・革新性に富んだアイデア（新規事業）を募集しています。このように，社員全員が変化を楽しみワクワクしながら目標に向かって進む，当社はそんな活力あふれる組織となることを目指しています。

ーデジタル人材確保・育成の取り組み（事業即応性）

　デジタル技術の進展により，企業および社会のデジタル化が進展しています。当社の事業戦略において，デジタル人材育成は非常に重要なテーマの一つです。当社ではデジタル人材を，データやテクノロジーを使って産業界に大きな変革を起こせる人材と定義し，育成の取り組みを進めています。全社員向けには「ソフトバンクユニバーシティTech」を立ち上げ，社員がテクノロジーとデータについて学べる環境づくりを進めています。また，法人事業統括内では，デジタル化に取り組む法人企業に対し顧客の経営課題解決に直結するソリューションセールスを推進できる人材を育成する「コンサルティング営業育成プログラム」や，社会のデジタル化を担う新規事業開発人材を育成する「事業プロデューサー制度」など，法人事業が進めるデジタル戦略の中核を担うデジタル人材の育成に積極的に取り組んでいます。成長戦略「Beyond Carrier」を推進していく中で，既存事業に比べ，短期での個々人の成果が見えにくい新たな取り組みをいかに評価し，必要な人材を配置していくかなど，評価制度や人材活用に関する人事的な課題にも対応しています。事業戦略に沿った新たな事業を育てるために，

人事が柔軟に変化・対応していくことが非常に重要だと考えています。

－ダイバーシティ・エクイティ＆インクルージョンの取り組み

　当社では，年齢，性別，国籍，障がいの有無などにかかわらず，多様な人材が個性や能力を発揮できる機会と環境の整備に取り組んでいます。社内におけるダイバーシティの推進は，人事を担当する執行役員（CHRO，最高人事責任者）が責任を持ち，その監督のもとで行っています。組織ごとの課題に向き合い，人事本部の専任組織・ダイバーシティ推進課を中心に，全社員対象のアンコンシャスバイアスに関するeラーニング研修や，管理職対象のダイバーシティマネジメント研修の実施などの取り組みを行っています。

－健康経営

　当社は，社員一人一人が心身共に健康であることが，会社と個人の夢・志の実現に向けた原動力であり，社員の健康を維持・向上させることは重要な経営課題の一つと位置付け，「健康経営宣言」を掲げています。情報革命の新たなステージに挑戦し，成長し続けるためには，常に活力あふれた集団であることが最も大事な基盤です。ソフトバンクらしく最先端のテクノロジーを積極的に活用し，社員とその家族の健康維持・増進に取り組む健康経営を推進します。

（point）**財政状態，経営成績及びキャッシュ・フローの状況の分析**

　「事業等の概要」の内容などをこの項目で詳しく説明している場合があるため，この項目も非常に重要。自社が事業を行っている市場は今後も成長するのか，それは世界のどの地域なのか，今社会の流れはどうなっていて，それに対して売上を伸ばすために何をしているのか，収益を左右する費用はなにか，などとても有益な情報が多い。

e. 具体的な施策等および指標と目標

チャレンジ・成長できる環境整備

項目	内容	指標	目標	2022年度実績
ジョブポスティング・フリーエージェント制度	新規事業の立ち上げや新会社設立の際には、ジョブポスティング制度（JP）でメンバーを公募し、従業員が自己成長・自己実現できる機会を提供するなど、誰もがチャレンジできる制度と環境を整備しています。また、"意欲ある社員が自らキャリアアップにチャレンジできる"制度として、年1回フリーエージェント制度（FA）を実施しており、ヤフー㈱、LINE㈱をはじめとするグループ会社とも連携し、グループ会社間の人材交流を実現しています。両制度を利用して異動した社員は、2023年4月時点で累計2,400人を超えています。	JP異動実績	継続実施	90名
		FA異動実績	継続実施	190名
ソフトバンクイノベンチャー	社員の積極的な新規事業提案を奨励するため、社内起業制度「ソフトバンクイノベンチャー」で支援しています。自ら考えた事業化アイデアを提案でき、事業化が決定した場合、提案者自らが事業推進に参画することが可能です。	事業化数	継続実施	2件
SB流社内副業制度	「成長機会や能力発揮機会を望む意欲ある社員」と「組織外の視点や経験、専門性を必要とする組織」のニーズをマッチングする制度として、2021年2月よりSB流社内副業制度を導入しています。社員の更なる成長と組織におけるイノベーション促進の実現を目的としています。	社内副業従事者数	継続実施	140名（延べ）
働き方改革の推進	社員が最適な働き方で組織と個人の生産性を最大化することを目的に、テクノロジーの活用など、多様な働き方を採り入れて生産効率を上げる働き方改革の推進を行っています。業務状況などに応じて始業・終業時刻を柔軟に調整できる「スーパーフレックスタイム制」を導入している他、在宅・サテライトオフィス勤務の活用やテクノロジーによる業務効率化によって創出した時間を自己啓発や人材交流、家族や友人とのコミュニケーションに充て、個々の成長の機会とすることで、社員一人一人が、そして会社全体がイノベーティブかつクリエーティブになり、より高い成果へ結び付けることを目指しています。	テレワーク実施率	90%以上	95.7%
		年休取得率	70%以上	77.3%

ⓟⓞⓘⓝⓣ 設備投資等の概要

　セグメントごとの設備投資額を公開している。多くの企業にとって設備投資は競争力向上・維持のために必要不可欠だ。企業は売上の数％など一定の水準を設定して毎年設備への投資を行う。半導体などのテクノロジー関連企業は装置産業であり，技術発展がスピードが速いため，常に多額の設備投資を行う宿命にある。

デジタル人材確保・育成の取組（事業即応性）

項目	内容	指標	目標	2022年度実績
ソフトバンクユニバーシティ	ソフトバンクユニバーシティ（SBU）は、経営理念の実現に貢献する人材の育成を目的として2010年9月に設立した実践的プログラムを提供する育成機関です。従業員の多様性を尊重し、個性豊かな人材の育成を実現するために、従業員による自律的なキャリア開発が行われることを重視しています。このような考え方の下、ソフトバンクユニバーシティでは、会社主導の一律的なキャリア開発や研修体系ではなく、従業員が自己のキャリア目標に合わせて主体的に選択していくという自律的なキャリア開発の仕組みを整えています。役職・役割が変わる節目（新入社員、管理職等）で必要となるスキルの取得や成長をサポートする階層別プログラムの他、eラーニング、動画配信など、ICTをフルに活用したソフトバンクらしい学習スタイルも提供しています。	受講者数	受講機会の継続的な創出	約24,100名（延べ）
		提供プログラム数	ニーズに合わせたコンテンツの継続的な提供	SBU集合研修：62コースeラーニング：62コース
AI人材育成プログラム AI Campus	エンジニア職だけでなく、利用者・サービス企画者等含めた社員全体のAIスキル習得を目指し、2021年度よりAI人材育成プログラム（AI Campus）をリリースし、プログラム提供に力を入れています。具体的には初学者から学べるeラーニングの提供や、日本ディープラーニング協会が実施するG検定、E資格の学習支援や、外部の有識者による講演会等を随時実施しています。	コンテンツ受講者数	受講機会の継続的な創出	5,168名（延べ）

ダイバーシティ・エクイティ＆インクルージョンの取り組み

項目	内容	指標	目標	2022年度実績
ジェンダー・ペイ・ギャップの解消	当社では、性別に関わらない公平な賃金の支払いに努めるとともに、性別による賃金格差（ジェンダー・ペイ・ギャップ）の解消を目指しています。このような方針のもと、実態把握のために全社の役員、管理職、非管理職を対象として、「基本給のみ」または「基本給と賞与」の金額の比較を年に1回実施しています。当社では、男女で同一の給与体系を適用していますが、現状等級構成などに起因して報酬総額に男女差が発生しています。これらの状況も踏まえ、女性の活躍推進の各種取り組みを進めています。	男女間賃金格差	差異の縮小	75.7%
女性管理職比率の向上	当社は女性活躍推進を目的に、女性管理職比率を2030年度までに15%以上、2035年度までに20%以上とする目標を2021年に設定しました。その達成に向けて、役員や外部の有識者などで構成する「女性活躍推進委員会」を同年7月に発足させました。同委員会では、CEOを委員長とし、各組織を統括する役員が推進委員を務め、女性活躍の推進・強化に向けた方針や新たな施策に関する議論、各施策の進捗確認などを実施しています。	女性管理職比率	2035年度20%以上	8.6%

(point) 主要な設備の状況

「設備投資等の概要」では各セグメントの1年間の設備投資金額のみの掲載だが、ここではより詳細に、現在セグメント別、または各子会社が保有している土地、建物、機械装置の金額が合計でどれくらいなのか知ることができる。

健康経営

項目	内容	指標	目標	2022年度実績
健康経営の推進	社員一人一人が心身共に健康で活力あふれた集団であることが経営の重要な基盤と捉え、「健康管理」「安心安全な職場環境」「健康維持・増進」の三つのアプローチから各種指標をモニタリングし、PDCAサイクルを通して継続的な業務改善を図っています。	プレゼンティーイズム（注1）	15.0％以下	15.0％
		アブセンティーイズム（注2）	5.0日以下	4.1日

(注) 指標と目標および実績の範囲は，ソフトバンク（株）のみが対象

(注1) SPQ（Single-Item Presenteeism Question東大1項目版）にて取得

(注2) 傷病による欠勤・休職

3　事業等のリスク

　有価証券報告書に記載した事業の状況，経理の状況等に関する事項のうち，経営者が当社グループの財政状態，経営成績及びキャッシュ・フローの状況に重要な影響を与える可能性があると認識している主要なリスクならびにリスクの管理体制および管理手法を記載しています。なお，主要なリスクは，当社グループが事業を遂行する上で発生しうるすべてのリスクを網羅しているものではありません。また，文中における将来に関する事項は別段の記載のない限り，当連結会計年度末現在において当社グループが判断したものです。

1．リスク管理体制

　当社では，さまざまな角度から全社的なリスクを特定し，リスクの顕在化を防止するための管理体制を整えています。本社各部門が現場で各種施策を立案する際にリスクを含めた検討を実施するとともに，事業部門から独立した組織であるリスク管理室が，全社的・網羅的にリスクの把握と対策状況を確認し（年2回実施），リスク管理委員会に報告しています。社長，副社長，CFOなどを委員とし，監査役や関係部門長が参加するリスク管理委員会では，リスクの重要度や対応する責任者（リスクオーナー）を定め，対策指示などを行い，状況を取締役会に報告します。なお，リスク管理委員会では，情報セキュリティ経験を有する取締役（宮川潤一代表取締役社長執行役員兼CEO）が中心となり当社グループに重要な影

(point) 設備の新設，除却等の計画

　ここでは今後，会社がどの程度の設備投資を計画しているか知ることができる。毎期どれくらいの設備投資を行っているか確認すると，技術等での競争力維持に積極的な姿勢かどうか，どのセグメントを重要視しているか分かる。また景気が悪化したときは設備投資額を減らす傾向にある。

響を与えるリスクを監督しています。

　内部監査室はこれら全体のリスク管理体制・状況を独立した立場から監査しています。

　社員に向けては取り組むべきリスクの社内周知や研修（eラーニングなど）の実施，社内からの相談窓口を設置しており，管理職を含めた従業員の能力評価に組み込まれています。

　また，グループ全体のリスク管理の観点から，子会社・関連会社からの報告体制を整備するとともに，それぞれが洗い出した事業に関連するリスクとその対策状況の定期的なチェックを実施します。

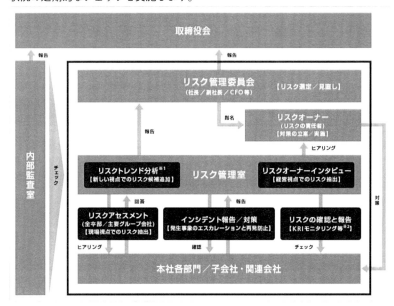

※1　リスクトレンド分析：リスク管理者が事故や事業損失などの将来の事象を予測するために用いる手法
※2　KRI（KeyRiskIndicators）：重要リスク評価指標
※　リスク管理と監査について，最高人事責任者であるCHRO（チーフ・ヒューマンリソース・オフィサー）と内部監査室長が，それぞれの職責に基づき独立して取締役会に報告しています。
※　当社では，外部からのリスク管理に関する評価として，金融商品取引法で定められている内部統制報告制度及びSSAE18に準拠した第三者機関による内部統制の評価を受け，リスク体制の更なる精度向上に

(point) 株式の総数等

　発行可能株式総数とは，会社が発行することができる株式の総数のことを指す。役員会では，株主総会の了承を得ないで，必要に応じてその株数まで，株を発行することができる。敵対的TOBでは，経営陣が，自社をサポートしてくれる側に，新株を第三者割り当てで発行して，買収を防止することがある。

努めています。

2. リスク管理手法 ···

一年を通して以下のような管理を行い，PDCAサイクルを構築しています。定期的にリスク管理のサイクルを回すことにより，複雑化・多様化するリスクの低減と未然防止に取り組んでいます。

(1) Plan：毎年リスクアセスメントを実施し，潜在リスクを網羅的に洗い出した上，リスク管理委員会において，取り組むべきリスクや管理方針を決定

(2) Do：管理方針に基づき対策を実施

(3) Check：リスク管理室が対策状況をモニタリングし，リスク管理委員会で報告を実施

(4) Action：改善策や追加対策を実施

本社各部門，子会社・関連会社によるリスクアセスメントや，リスクオーナーへのインタビューなどを通じて，リスクを抽出，選定，評価するとともに，見直しを行っています。具体的には，リスク管理委員会が決定した当社に重要な影響を与えるリスクや，リスクの見直し結果などに基づき，リスクオーナーがリスクの対策を検討し，実行します。リスク管理室はリスクオーナーによる対策状況をモニタリングし，リスク管理委員会にリスク対策状況などを報告しています。リスクオーナーはその結果を受けて，さらに対策の改善や追加対策を行っています。また，リスク管理室は，定期的に社外取締役にリスクの選定とその対策状況などのほか，リスクの見直し結果や，直近の技術動向などを含めた最新のリスク関連情報に関する報告を実施し，社外取締役からリスク管理に関する助言を得ています。

(point) **連結財務諸表等**

ここでは主に財務諸表の作成方法についての説明が書かれている。企業は大蔵省が定めた規則に従って財務諸表を作るよう義務付けられている。また金融商品法に従い，作成した財務諸表がどの監査法人によって監査を受けているかも明記されている。

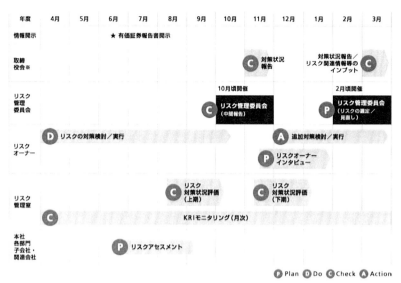

※ 「取締役会」には，社外取締役・監査役への事前説明会を含みます。

3. 事業等のリスク

(1) 経営戦略上のリスク

　当社グループは，スマートフォンやブロードバンド契約数の拡大，および5Gの取り組みを通じ，通信事業のさらなる成長を目指しています。そのため，安全性と信頼性の高い通信ネットワークを構築し，継続して安定的に運用していくことや，特長の異なる3つのブランドを提供するマルチブランド戦略の推進などが重要であると考えています。また，「Yahoo!JAPAN」，「LINE」といったインターネットサービスや，キャッシュレス決済サービス「PayPay」などAI，IoT，FinTechなどの最先端テクノロジーを活用したビジネスの立ち上げを通じ，引き続き通信以外の領域の拡大を目指します。

　係る戦略に関連して経営者が当社グループの財政状態，経営成績及びキャッシュ・フローの状況に重要な影響を与える可能性があると認識している主要なリスクは，以下の通りです。

a. 経済情勢，規制環境および市場環境の変化，他社との競合について ……………

日本の人口は高齢化と少子化が進むなか減少に向かっており，国内の移動体通信市場，ブロードバンド市場，インターネット関連市場およびキャッシュレス決済を含む金融事業の市場の拡大の継続性には，不透明な要素があります。

近年日本の移動体通信市場においては，競争促進政策の強化や異業種からの新規参入などによって経営環境が大きく変化し，利用者からはより低廉で多様なサービスを求める動きが高まっています。これらの市場環境に対応するため，当社グループは消費者の志向に合ったサービス・商品・販売方法を導入していますが，当社グループが料金プランや通話・データ通信の品質等の面で消費者の期待に沿えない場合や当社グループが提供するサービス・商品に重大な瑕疵が存在した場合，既存の契約者数を維持できる保証はありません。また，法令・規制・制度などの制定，改正または解釈・適用の変更等により，当社グループが顧客に提供できるサービス・商品・販売方法および料金プラン等が実質的な制約を受け，収入の減少や金銭的負担の発生・増加が起きることにより，当社グループの事業，財政状態および業績に影響を及ぼす可能性があります。その他にも，予期せぬ市場環境の変化によりコストが増大する，または想定しているコスト効率化が実現できない可能性があります。

日本のインターネット関連市場は，インターネット全体の利用規模，景気の動向，有料会員数，有料サービスの利用状況などに影響を受ける可能性があります。当社グループでは，利用者にとって正確で有益なサービスの提供，安心，安全な利用体験，広告媒体としての価値を向上させる活動，啓発，有料会員向けの魅力的な特典，コンテンツの提供などを通じ，利用者の維持拡大に努めていますが，これらの施策が十分に奏功せず，市場環境の変化等が当社グループの事業，財政状態および業績に影響を及ぼす可能性があります。

日本のキャッシュレス決済を含む金融事業の市場においては，政府や自治体の経済対策の進展や新型コロナウイルス感染症の拡大を受け，キャッシュレス化が進んでいます。このような市場環境において，利用者にとって利便性の高いサービスを提供するために，当社グループは，キャッシュレス決済サービスの機能の見直し，拡充に取り組むとともに，当社グループのキャッシュレス決済サービス

(point) **連結財務諸表**

ここでは貸借対照表(またはバランスシート，BS)，損益計算書(PL)，キャッシュフロー計算書の詳細を調べることができる。あまり会計に詳しくない場合は，最低限，損益計算書の売上と営業利益を見ておけばよい。可能ならば，その数字が過去5年，10年の間にどのように変化しているか調べると会社への理解が深まるだろう。

が利用可能な加盟店の拡大にも努めています。しかし，市場環境や規制の変化に当社グループが適時かつ適切に対応できず，または何らかの事由により当社グループの期待通りにサービスを提供できないもしくは顧客を維持・獲得できない状況が生じた場合，当社グループの事業，財政状態および業績に影響を及ぼす可能性があります。

　当社グループの競合他社は，その資本力，サービス・商品，技術開発力，価格競争力，顧客基盤，営業力，ブランド，知名度およびこれらの総合力などにおいて，当社グループより優れている場合があります。競合他社がその優位性を現状以上に活用してサービスや商品の販売に取り組んだ場合，当社グループが価格競争を含む販売競争で劣勢に立たされ，当社グループの期待通りにサービス・商品を提供できない，顧客を維持・獲得できない，またはARPU（注）が低下することも考えられます。その結果として，当社グループの事業，財政状態および業績に影響を及ぼす可能性があります。

　また，通信，インターネット，キャッシュレス決済に係る市場では，設立間もない新興企業や新規参入者によるサービス・商品がユーザーの支持を集め急速に広まることがあります。当社グループでは，ユーザーの意見や動向を捉え，ユーザーの支持を集めることができるサービス・商品の提供を追求していきますが，新興企業や新規参入者のサービス・商品が当社グループのサービス・商品に対する競合となる可能性や，当社グループが競争優位性を発揮するための新規サービス・商品の開発に費用がかかり，当社グループの事業，財政状態および業績に影響を与える可能性があります。

（注）ARPU（Average Revenue PerUser）：1契約当たりの月間平均収入

b. 技術・ビジネスモデルへの対応について ･････････････････････････････････

　当社グループは，技術やビジネスモデルの移り変わりが早い情報産業を主な事業領域としています。情報産業においては，近年，AI，IoT，ビッグデータの活用が急速に進展し，デジタルトランスフォーメーション（DX）の動きがますます加速しており，業界を超えたより多様かつ高度なサービスの提供が求められるようになってきています。特に「ChatGPT（注）」に代表される生成AIの分野は急速な勢いで発展しており，既存のビジネスモデルに大きな影響を与える事も想定されます。当社グループは，常に，最新の技術動向や市場動向の調査，技術的優

位性の高いサービスの導入に向けた実証実験，および他社とのアライアンスの検討などの施策を講じています。しかし，新たな技術への対応が想定通りの時間軸に沿って進むこと，想定通りの効果を上げること，共通の基準や仕様が確立すること，および商用性を持つようになることについては，何らの保証もなく，また，これらの施策を行ったとしても，新たな技術やビジネスモデルの出現を含む市場環境の変化に当社グループが適時かつ適切に対応できず，または迅速かつ効率的に設備を配備できないことにより，市場変化に適した優れたサービス，技術やビジネスモデルを創出または導入できない場合，当社グループのサービスが市場での競争力を失い，当社グループが維持・獲得できる契約数が抑制される，またはARPU が低下することにより，当社グループの事業，財政状態および業績に影響を及ぼす可能性があります。

c. 情報の流出や不適切な取り扱いおよび当社グループの提供する商品やサービスの不適切な利用について ……………………………………………………

　当社グループは，事業を展開する上で，顧客情報（個人情報を含みます。）やその他の機密情報を取り扱っています。当社グループは，チーフ・テクノロジー・オフィサー（CTO）および最高情報セキュリティ責任者であるチーフ・インフォメーション・セキュリティ・オフィサー（CISO）が主導し，顧客情報やその他の機密情報に関する作業場所を所定のエリアに限定し，当該エリア専用の入退室管理ルールを設けるなど徹底した物理的管理を行っています。技術的管理としても，当該エリア内にあるセキュリティ・オペレーション・センター（SOC）などにおいて，AIを活用した内部不正の予兆検知（ふるまい検知）を強化し，役職員による業務パソコンの使用状況，社内ネットワークの利用状況，社内の各サーバーへのアクセス状況等を監視するとともに，社外からのサイバー攻撃による不正アクセスを監視・防御することで，セキュリティレベルの維持・管理を行っています。また，情報のセキュリティレベルに応じて，当該情報に対するアクセス権限や使用するネットワークなどの分離・独立を実施しています。さらに，チーフ・データ・オフィサー（CDO）およびCDO室が主導し，社内外データの管理・戦略的利活用の方針およびルールを整備し，通信の秘密・個人情報等の取扱いに関する社内管理体制を強化しています。加えて，国内外で事業を展開する上で必要とな

る各国の個人情報保護等に関する法令への対応も行っています。対策の実施にあたり，役職員にセキュリティ教育・訓練を徹底し，当社の情報資産に関わる全員が，情報セキュリティリテラシーを持って業務を遂行できる体制の構築や，OA環境および業務用スマートフォン端末の管理の強化を行っています。これらの取組みにもかかわらず，当社グループ（役職員や委託先の関係者を含みます。）の故意・過失，または悪意を持った第三者によるサイバー攻撃，ハッキング，コンピューターウイルス感染，その他不正アクセスなどにより，これらの情報の流出や消失などが発生する可能性があります。

　また，当社グループの提供する商品やサービスが詐欺等の犯罪等に不正に利用された場合，当社グループの信用および信頼の低下を招く可能性があります。

　こうした事態が生じた場合，当社グループの信頼性や企業イメージが低下し顧客の維持・獲得が困難になるほか，競争力の低下や，損害賠償やセキュリティシステム改修のために多額の費用負担が発生する可能性があります。その結果，当社グループの事業，財政状態および業績に影響を及ぼす可能性があります。

　なお，2021年3月のZホールディングス（株）とLINE（株）の経営統合に伴い，当社グループが個人情報をはじめとするデータを取り扱う量も飛躍的に増大しました。個人情報の適切な取り扱いに関して当社グループ全体のガバナンスの強化に取り組んでおり，加えて，当社グループのヤフー（株）とLINE（株）とのデータ連携にあたっては，同意取得を前提とした分かりやすい説明に努めるほか，各種の国際基準への準拠を前提とするなど，適切性の確保に努めています。これらの取組みにもかかわらず，係る対策やガバナンス強化の施策が有効に機能しないことによる当局から当社グループへの行政処分，当社グループの信用の毀損，当社グループのサービスへの需要の減少，追加の対策の策定・実施，また，データの漏洩やその恐れとなる事象の発生等により，当社グループの事業，財政状態および業績に影響を及ぼす可能性があります。

d. 国際情勢の不安定化について …………………………………………

　当社グループは，通信機器・設備，顧客向け商品や開発資材などを国内外の取引先からも調達しています。また，通信サービスを提供する上では，基地局やネットワーク設備，データセンターなどで多くの電力を使用しています。当社グルー

プは，サービス・商品の提供を安定的に行うため，国際情勢に関する情報収集や
サプライヤーの分散化・多様化などによりサプライチェーンの強化に努めていま
す。また，中長期的には環境負荷の少ない通信インフラや次世代電池の実用化に
向けた研究開発のほか，政府や業界団体との連携により，電力価格の変動による
事業運営への影響を最小限に抑えるよう取り組んでいます。これらの対策にも関
わらず，国際社会における国家間の対立，地域紛争や武力行使等により，世界的
な輸送遅延，半導体などの不足，サイバー攻撃などに起因する取引先の事業停滞・
停止によるサプライチェーンの分断などが起こった場合には，当社グループの事
業，財政状態および業績に影響を及ぼす可能性があります。また，原油価格の高
騰による輸送費等の増加や，国際情勢の変化による国家の政策や法規制などの変
更により，基地局やネットワーク設備などに関する取引先の変更や設備の切り替
えのための費用が発生する可能性があります。さらに，継続的に電力価格が上昇
する場合や，エネルギー調達に支障が生じてサービス・商品の安定的な供給が困
難となる場合には，当社グループの事業，財政状態および業績に影響を及ぼす可
能性があります。

e. 安定的なネットワークの提供について

(a) 通信ネットワークの増強について

当社グループは，競争力の維持および顧客基盤の維持・拡大を目的として通信
サービスの品質を維持・向上させるために，将来のトラフィック（通信量）を予
測し，その予測に基づいて継続的に通信ネットワークを増強していく必要があり
ます。これらの増強は計画的に行っていく方針ですが，実際のトラフィックが予
測を大幅に上回った場合，または通信ネットワークの増強（例えば，必要な周波
数の確保を含みますが，これに限りません。）を適時に行えなかった場合，サービ
スの品質および信頼性や企業イメージの低下を招き顧客の維持・獲得に影響を及
ぼすほか，追加の設備投資が必要となり，その結果，当社グループの事業，財政
状態および業績に影響を及ぼす可能性があります。

また，当社グループの通信サービスの提供はネットワークシステムのパフォー
マンスおよび十分な周波数帯の確保に依存しています。将来において，必要な周
波数帯を確保できなかった場合，競合他社と比べてサービスの品質が低下し，ま

たは計画通りにネットワークを拡大することができなくなり，顧客の維持・獲得が困難になる可能性があります。

さらに，周波数帯の割当てにオークション制度が導入されたり，割当ての要件として一定の費用負担を行うことが求められるようになったりするなど，多額の資金拠出が必要になる可能性があり，当社グループの事業，財政状態および業績に影響を及ぼす可能性があるとともに，新規事業者の参入が容易になる可能性があります。

（b）　自然災害など予測困難な事情について

当社グループは，インターネットや通信などの各種サービスの提供に必要な通信ネットワークや情報システムなどを構築・整備しています。近年，南海トラフ地震や首都圏直下型地震の発生確率の高まりや気候変動の進行等から，地震や台風など大型の自然災害の被害を受けるリスクが増加しています。地震・台風・洪水・津波・竜巻・豪雨・大雪・火山活動などの自然災害および近年の気候変動に伴うこれら災害の大規模化，火災や停電・電力不足，テロ行為，新型コロナウイルスなどの感染症の流行などにより，通信ネットワークや情報システムなどが正常に稼働しなくなった場合，当社グループの各種サービスの提供に支障を来す可能性があります。当社グループは，こうした事態が発生した場合においても安定した通信環境を確保できるようにネットワークの冗長化，応急復旧体制の構築，ネットワークセンターおよび基地局での停電対策等を導入しているほか，ネットワークセンターやデータセンター等の重要拠点やIT監視体制の拠点を全国に分散することでサービス提供への影響の低減を図る対策を講じています。

もっとも，係る対策はあらゆる障害を回避できるものではなく，実際に各種サービスの提供に支障を来す場合，およびこれらの影響が広範囲にわたり，復旧に相当時間を要した場合，信頼性や企業イメージが低下し，顧客の維持・獲得が困難になる可能性があります。また，通信ネットワークや情報システムなどを復旧・改修するために多額の費用負担が発生する可能性があります。その結果，当社グループの事業，財政状態および業績に影響を及ぼす可能性があります。

f.　他社の買収，業務提携，合弁会社設立，グループ内組織再編等について ……

当社グループは，戦略を実行していく上で，合弁企業の設立や子会社化を行う

など，他社の買収やその他の株式投資を行う可能性があります。また，当社グループの事業，財務，業績にとって戦略的に重要と思われる他の資産を買収する可能性があります。加えて，当社グループの内部においても戦略上の必要に応じて株式や資産の移動を伴う再編を実施する可能性があります。

当社グループは，各投資の実行の検討に際し，必要十分なデュー・ディリジェンスを実施した上で，定められた承認プロセスを経て投資判断を行っていますが，当社グループの投資先会社が見込み通りの業績を上げることができない場合，当社グループが投資時の企業価値算定を過大に見積もっていた場合，または既存事業への新規事業の統合や統合後の内部管理体制の構築が奏功しない場合，当社グループの業績および財務状況に悪影響を与える可能性があります。また，当社グループが将来的な買収や投資のために資金を借り入れた場合，または買収した企業に未払いの負債があることが判明した場合，当社グループの債務負担が増加し，キャッシュ・フローを悪化させ，事業運営資金の不足に陥る可能性があります。これらのリスクの顕在化は当社グループの事業，財政状態および業績に悪影響を及ぼす可能性があります。

当社グループの業務提携先や合弁先と共同事業を行う場合には，一般的に当局の許認可の取得や，当該業務提携先や合弁先と共同事業の内容についての合意が前提となります。また，当社グループの業務提携先や合弁先に対して当社グループが支配権を有するとは限らず，これらの会社が，当社グループの意向にかかわらず，事業戦略を大幅に変更する可能性があります。さらに，第三者割当増資や当社グループ以外の株主がコールオプションを行使したことによる当社グループの持株比率の低下や，その経営成績や財政状態の大幅な悪化の可能性もあります。これらの場合，その業務提携，合弁事業などが期待通りの成果を生まない可能性や，継続が困難となる可能性があります。また，特定の第三者との業務提携や合弁事業などを実施したことにより，他の者との業務提携や合弁事業などが制約される可能性もあります。その結果，当社グループの事業，財政状態および業績に影響を及ぼす可能性があります。

当社グループ内部における再編を行う場合には，重複する経営資源の効率化，意思決定の迅速化や事業間におけるより大きなシナジーの創出などを目的として

います。しかし，期待した再編の効果を十分に発揮できない場合，展開するサービスの連携の不調・遅れ，戦略やシナジーへの悪影響，再編に伴う混乱などの問題の発生などにより，当社グループの事業，財政状態および業績に影響を及ぼす可能性があります。

g. 他社経営資源への依存について ··

(a) 業務の委託

当社グループは，提供する各種サービス・商品に係る販売，顧客の維持・獲得，通信ネットワークの構築およびメンテナンス，ならびにそれらに付随する業務の全部または一部について，他社に委託しているほか，情報検索サービスにおいて他社の検索エンジンおよび検索連動型広告配信システムを利用しています。当社グループは，業務委託先を含むサプライヤーの選定時には購買規程にのっとった評価・選定を行うとともに，新規取引開始時には，当社の「サプライヤー倫理行動規範」を遵守することを盛り込んだ取引基本契約書を締結した上で，取引開始後もサステナビリティ調達調査を通じたリスクアセスメントの実施，サプライヤー評価および課題の抽出，サプライヤーへのヒアリング実施などPDCAサイクルの構築によって，サプライチェーン上のリスクの低減に努めています。しかし，これらの対策にも関わらず，業務委託先（役職員や関係者を含みます。）が当社グループの期待通りに業務を行うことができない場合や，当社グループおよび顧客に関する情報の不正取得または目的外使用等をした場合などの人権侵害等に関連する問題を起こした場合，当社グループの事業に影響を及ぼす可能性があります。

業務委託先は当社グループのサービス・商品を取り扱っていることから，上述のような事象により当該業務委託先の信頼性や企業イメージが低下した場合には，当社グループの信頼性や企業イメージも低下し，事業展開や顧客の維持・獲得に影響を及ぼす可能性があり，その結果，当社グループの事業，財政状態および業績に影響を及ぼす可能性があります。

このほか，当該業務委託先において法令などに違反する行為があった場合，当社グループが監督官庁から警告・指導を受けるなど監督責任を追及される可能性があるほか，当社グループの信頼性や企業イメージが低下し顧客の維持・獲得が困難になる可能性があります。その結果，当社グループの事業，財政状態および

業績に影響を及ぼす可能性があります。

(b) 他社設備などの利用

当社グループは，通信サービスの提供に必要な通信ネットワークを構築する上で，他の事業者が保有する通信回線設備などを一部利用しています。当社グループでは，原則として，複数の事業者の通信回線設備などを利用していく方針を採用していますが，今後，複数の事業者の当該設備などを継続して利用することができなくなった場合，または使用料や接続料などが引き上げられるなど利用契約が当社グループにとって不利な内容に変更された場合，当社グループの事業，財政状態および業績に影響を及ぼす可能性があります。

(c) 各種機器の調達

当社グループは，通信機器やネットワーク関連機器など（例えば，携帯端末や携帯電話基地局の無線機を含みますが，これらに限りません。）を調達しています。当社グループでは，原則として複数のサプライヤーから機器を調達してネットワークを構築していく方針を採用していますが，それでもなお特定のサプライヤーへの依存度が高い機器が残ることも予想されます。特定のサプライヤーへの依存度が高い機器の調達において，供給停止，納入遅延，数量不足，不具合などの問題が発生しサプライヤーや機器の切り替えが適時に多額のコストを要さずに行うことができない場合，または性能維持のために必要な保守・点検が打ち切られた場合，当社グループのサービスの提供に支障を来し，顧客の維持・獲得が困難になる可能性やサプライヤーの変更のために追加のコストが生じる可能性のほか，通信機器の売上が減少する可能性があります。その結果，当社グループの事業，財政状態および業績に影響を及ぼす可能性があります。

h. 「ソフトバンク」ブランドの使用および侵害について

当社は，2017年度まで，親会社であるソフトバンクグループ（株）に対し，各会計年度における一定の算定基準に基づき，「ソフトバンク」ブランドのブランド使用料を負担していました。

その後，2018年3月に，当社はソフトバンクグループ（株）との間で，ライセンス料一括支払いにより，同年3月31日から原則無期限のブランド使用権および再許諾権が付与される旨の契約を締結しました。当該契約に基づき，当社は，

社名, 社標, 商標およびドメインネームとして「ソフトバンク」ブランドを使用（移動体通信における通信サービスおよび携帯電話端末などに関する商標使用は専用的使用）することができ, また当社の子会社に対して当該使用を再許諾（サブライセンス）することができます。

　しかし, 当社または再許諾を受けた当社の子会社が, 当該契約への違反を一定期間継続した場合やソフトバンクグループ（株）の信用または利益を害する行為をした場合などには, ソフトバンクグループ（株）は, 当該契約を解約することができます。これにより当社は「ソフトバンク」ブランドの使用および再許諾を継続できなくなり, 関連して資産計上している商標利用権の減損損失が発生する可能性があります。

　ソフトバンクグループ（株）が保有している「ソフトバンク」ブランドなどの知的財産権が第三者により侵害された場合には, 当社グループの信頼性や企業イメージが低下する可能性があります。

i. 関連システムの障害などによるサービスの中断・品質低下について ‥‥‥‥‥

　当社グループが提供する通信ネットワークや顧客向けのシステム, キャッシュレス決済サービス「PayPay」をはじめとする各種サービスにおいて, 人為的なミスや設備・システム上の問題, または第三者によるサイバー攻撃, ハッキングその他不正アクセスなどが発生した場合, これに起因して各種サービスを継続的に提供できなくなること, または各種サービスの品質が低下することなどの重大なトラブルが発生する可能性があります。当社グループは, CTO, チーフ・ネットワーク・オフィサー（CNO）, およびチーフ・インフォメーション・オフィサー（CIO）が主導し, ネットワークを冗長化するとともに, 障害やその他事故が発生した場合に備え, 復旧手順を明確にしています。また, 障害やその他事故が発生した場合, 規模に応じて事故対策本部を設置するなど, 適切な体制を構築して復旧にあたっています。これらの対策にもかかわらず, サービスの中断や品質低下を回避できないおそれがあり, サービスの中断・品質低下による影響が広範囲にわたり, 復旧に相当時間を要した場合, 信頼性や企業イメージが低下し, 顧客の維持・獲得が困難になる可能性があります。その結果, 当社グループの事業, 財政状態および業績に影響を及ぼす可能性があります。

j. 人材の育成・確保について ··

　当社グループは，技術革新に即応すべく全社をあげて人材育成に注力していますが，期待通りの効果が出るまで一定の期間を要することがあります。また，将来的に人材投資コストが増加する可能性があります。

　さらに，最高人事責任者であるチーフ・ヒューマン・リソーシズ・オフィサー（CHRO）および人事部門長が主導し，高市場価値の人材に対し，その専門性の高さを踏まえた報酬制度を導入することで人材の確保を図っています。加えて，各社員の職場への適応状況や今後のキャリアについての定期的な面談や調査等の実施により，事業の持続的な成長を支える優秀な人材の定着を図っています。これらの取り組みにもかかわらず，事業運営に必要な技術者等の人材を予定通り確保できない場合，当社グループの事業，財政状態および業績に影響を及ぼす可能性があります。

　また，当社はダイバーシティの推進に力を入れており，多様な人材が活躍できる環境整備や社内周知の徹底，研修実施等に取り組んでいますが，多様性を認め合い，生かすことに関する社会的要求に応えられなかった場合，当社グループの信頼性や企業イメージの低下，人材を予定通りに確保できないことなどにより，当社グループの事業，財政状態および業績に影響を及ぼす可能性があります。

k. 気候変動について ···

　当社グループは，基地局設備を始めとして多くの電力を使用する通信事業を行っており，気候変動により当社グループの事業，財政状態および業績が影響を受けると認識しています。当社では，温室効果ガス排出量をサプライチェーン全体で実質ゼロにする「ネットゼロ」の実現に向けて，当社の事業活動で使用する電力などによる温室効果ガスの排出量を2030年度までに実質ゼロにする（注1）「カーボンニュートラル2030宣言」に加え，2050年度までに取引先などで排出される温室効果ガスの排出量も含めた「サプライチェーン排出量」を実質ゼロ（注2）とすることに取り組んでいます（注3）。また，当社は，2020年4月にTCFD（気候関連財務情報開示タスクフォース）提言への賛同を表明し，TCFDの提言に基づきシナリオ分析など気候変動の影響の評価を実施しています。これら評価結果や温室効果ガス排出量等の環境負荷データについては，「第2　事業の状況　2

サステナビリティに関する考え方及び取組（3）気候変動　c．戦略」および「第2
　事業の状況　2　サステナビリティに関する考え方及び取組（3）気候変動　d．
指標と目標」に記載しています。

　しかし，これらの対策にもかかわらず，気候変動の進行に伴い，自然災害によ
る甚大な被害が発生した場合や脱炭素化社会の実現に向けた新たな法令・規制の
導入や強化がなされた場合等には，当社グループの所有する通信ネットワークや
情報システム設備に係る費用の負担が増加するなど，当社グループの事業，財政
状態および業績に影響を及ぼす可能性があります。また，当社グループの気候変
動に関する取り組みや開示が不十分と判断された場合や，顧客，従業員，サプラ
イヤー，投資家，地域社会，国・行政機関等からの理解が十分に得られなかった
場合，事業運営に支障を来す可能性があります。

（注1）　ソフトバンク（株）単体のScope1（自らによる温室効果ガスの直接排出）とScope2（他社から供給され
　　　た電気，熱・蒸気の使用に伴う間接排出）が対象
（注2）　Scope1，Scope2に加え，Scope3（事業者の活動に関連する他社の排出）が対象
（注3）　当社は，「カーボンニュートラル2030」および「ネットゼロ」の宣言対象範囲を，これまでのソフトバ
　　　ンク（株）単体から当社グループに拡大することを2023年6月に発表

（2）　法令・コンプライアンスに関するリスク

a．法令・規制・制度などについて

　当社グループは，電気通信事業法，電波法，金融，電力，デジタルプラットフォー
ムなどの事業固有の法令はもとより，企業活動に関わる各種法令・規制・制度（環
境，公正な競争・取引の透明性，消費者保護，個人情報・プライバシー保護，
贈収賄禁止，労務，知的財産権，租税，為替，輸出入に関するものを含みますが，
これらに限りません。）の規制を受けています。また，事業を営むために必要な許
認可等の多くには，さまざまな条件が付されることがあり，その遵守が求められ
ます。

　当社グループ（役職員を含みます。）がこれらの法令・規制・制度などに違反す
る行為を行った場合，違反の意図の有無にかかわらず，行政機関から行政指導や
行政処分（登録・免許の取消や罰金を含みますが，これらに限りません。）を受け
たり，取引先から取引契約を解除されたりする可能性があります。当社グループ
は，法務部門主導で，各種法令および法令に基づくガイドラインの改正のモニタ

リングを行うとともに，改正がある場合には必要に応じて業務の運用方法の変更などの対策を講じているほか，必要に応じて弁護士等の外部専門家への相談を行っていますが，すべての違反行為を未然に防ぐことは困難な場合があります。その結果，当社グループの信頼性や企業イメージが低下したり，事業展開に支障が生じたりする可能性があるほか，金銭を含む経営資源に係る負担の発生等により，当社グループの事業，財政状態および業績に影響を及ぼす可能性があります。ただし，当連結会計年度末現在において，これらの免許および登録の取消事由および更新拒否事由は存在していません。

　また，当社グループは，各子会社・関連会社からの報告体制の整備やコミュニケーション強化，リスクアセスメント等による子会社・関連会社のリスク把握に努めていますが，不正等を未然に防止することができなかった場合には，当社グループの信用の毀損，当社グループのサービスへの需要の減少等により，当社グループの事業，財政状態および業績に影響を及ぼす可能性があります。

　さらに，将来，当社グループの事業に不利な影響を与え得る法令・規制・制度の導入や改正が実施される可能性があります。当社グループの展開する移動通信事業は，無線周波数の割当てを政府機関より受けており，政府の意向による直接的・間接的な影響を受けやすい事業です。今後，当社グループの事業に不利な影響を与え得る法令・規制・制度が導入されるかどうか，および，その導入による当社グループ事業への影響を正確に予測することは困難ですが，仮に導入された場合には，当社グループが顧客に提供できるサービス・商品および料金プラン等が実質的な制約を受け，収入の減少や金銭的負担の発生・増加が起きることにより，当社グループの事業，財政状態および業績に影響を及ぼす可能性があります。

b．訴訟等について ･･･

　当社グループは，事業活動を行うにあたり，適用のある法令・規則・制度や契約書等に記載されている契約条件を確認し，これに違反することのないよう十分留意していますが，顧客，取引先，株主（子会社・関連会社・投資先の株主を含みます。）および従業員等を含む第三者の権利（知的財産権を含みます。）および法的に保護されている利益を侵害した場合，権利侵害の差止め，損害賠償，対価等の請求を受け，または行政機関による調査等の対象となる可能性があります。そ

の結果，当社グループの企業イメージが低下する可能性があるほか，サービス・商品および事業上の慣行について変更を余儀なくされたり，金銭を含む経営資源に係る負担の発生等により，当社グループの事業，財政状態および業績に影響を及ぼす可能性があります。

(3) 財務・経理に関するリスク

a. 資金調達について

当社グループは，銀行借入や社債発行，債権流動化，リース等による資金調達を行っています。よって，金利が上昇した場合，または当社および子会社の信用力が低下した場合，これらの調達コストが増加し，当社グループの事業，財政状態および業績に影響を及ぼす可能性があります。また，当社グループでは，財務部門長が主導し，資金調達手段（銀行借入や社債発行，債権流動化による借入，リースを含みますが，これらに限りません。）の多様化等を通じて十分な資金および融資枠を保持する財務基盤を構築するとともに，手元流動性を考慮しつつ，資金調達のコントロールを行っていますが，金融市場の環境によっては，資金調達が当社グループの想定通り行えず，当社グループの事業，財政状態および業績に影響を及ぼす可能性があります。

また，当社グループの金融機関からの借入に際しては財務制限条項が付帯されています。内容については，「第5　経理の状況　1　連結財務諸表等連結財務諸表注記23.有利子負債」をご参照ください。

当社グループでは，財務制限条項に抵触しないよう，財務部門において各事業部門の事業計画を横断的にモニタリングするとともに，債務保証や貸付等の財務制限条項に抵触する可能性のある取引の実行は，財務部門の事前の承認があることを前提条件としています。これらの対応策にもかかわらず，財務制限条項を遵守することができない場合，当社グループは期限の利益を失い，借入金の一部または全額の返済を求められ，または新規借入が制限される可能性があります。

b. 会計制度・税制の変更などについて

当社グループでは，研修などを通じて従業員に会計制度や税制の変更などについて周知徹底するとともに，必要に応じて顧問税理士等の外部専門家への相談を

行っていますが，会計基準や税制が新たに導入・変更された場合や，税務当局との見解の相違により追加の税負担が生じた場合，当社グループの事業，財政状態および業績に影響を及ぼす可能性があります。

c. 減損損失について ……………………………………………………………………

当社グループは，事業を遂行する過程で，資金をさまざまな資産に投資します。その結果，例えば，通信ネットワークの構築に必要な無線設備，交換機，鉄塔，アンテナ，その他ネットワーク機器，建物，備品などの有形固定資産や，ソフトウエア，商標利用権，周波数関連費用，のれんなどの無形資産，他社との業務提携や合弁会社設立にあたり出資した関連会社株式等の金融資産を含む資産を保有しています。

当社グループではこれらの資産につき定期的にモニタリングする体制を構築し，IFRSに基づき，適切に減損の判定を実施していますが，その結果，投資金額を回収するのに十分な将来の経済的便益が見込めないと判断した場合には，減損損失が発生し，当社グループの事業，財政状態および業績に影響を与える可能性があります。また，当該判断には当社グループによる見積りの要素が大きく，また減損損失の発生時期および金額を正確に予測することはできません。

(4) 上記以外に，投資家の判断に重要な影響を及ぼす可能性のある事項 ………
a. 経営陣について ……………………………………………………………………

当社グループの重要な経営陣に不測の事態が発生した場合に備え，他の役員による職務の代行が可能な体制を構築していますが，代行が十分に機能しない場合，当社グループの事業展開に支障が生じる可能性があります。

b. 親会社との関係について ……………………………………………………………

(a) 親会社が株主総会の決議事項に関する支配権または重大な影響力を有することについて

当社の親会社であるソフトバンクグループ（株）は，当連結会計年度末において，当社の議決権のうち40.47％（注）をソフトバンクグループジャパン（株）およびムーンライトファイナンス合同会社を介して実質保有しています。ソフトバンクグループ（株）の当社株式の所有割合および当社に対する議決権保有割合は，当

社による自己株式の取得や新株予約権の保有者による行使などの状況により変動しますが，ソフトバンクグループ（株）は，株主総会の特別決議を要する事項（例えば，吸収合併，事業譲渡，定款変更等を含みますが，これらに限りません。）および普通決議を必要とする事項（例えば，取締役の選解任，剰余金の処分や配当等を含みますが，これらに限りません。）に関して，その時々の議決権保有割合に応じて特別決議を要する事項についての拒否権を含む重大な影響力を有することになります。当社は，独立社外取締役のみで構成される特別委員会ならびに，独立社外取締役およびCEOで構成され独立社外取締役が議長を務める指名委員会および報酬委員会の3つの委員会を任意に設けることで独立性の担保を図っています。しかし，それでもなお株主総会の承認を必要とする事項に関し，ソフトバンクグループ（株）が影響を及ぼす可能性があります。なお，事前承認事項等はありません。

　また，ソフトバンクグループ（株）との良好な関係は当社グループの事業の核であり，何らかの理由により関係が現実に悪化した場合または悪化したと受け取られた場合には，当社グループの事業，財政状態および業績に影響を及ぼす可能性があります。

　当社とソフトバンクグループ（株）との間の主な関係等についての詳細は，下記「(b) 役員の兼任について」から「(e) ソフトバンクグループとの取引関係について」に記載の通りです。

(注) 自己株式を控除して計算

(b)　役員の兼任について

　当社の取締役のうち，孫正義氏，宮内謙氏の2名がソフトバンクグループ（株）の役員を兼任しています。孫氏は，親会社であるソフトバンクグループ（株）の代表取締役会長兼社長執行役員を兼任しています。これは，孫氏がソフトバンクグループを率いてきた豊富な実績と経験が，当社取締役会の機能強化に資すると考えているためです。宮内氏は，ソフトバンクグループ（株）の取締役を兼任しており，これは，当社の既存事業および新規事業と親和性が高い同社における知見を当社の経営に生かすことを目的としています。

　また，当社の監査役のうち，君和田和子氏はソフトバンクグループ（株）の常務執行役員を兼任しています。これは当社の監査体制強化を目的とするものです。

(c) 従業員の出向および兼任について

　ソフトバンクグループでは，業務の効率性，事業上の必要性，人材育成および各職員の将来像を踏まえたキャリアパス形成の観点から，積極的なグループ内での人材交流が行われており，当社においてもソフトバンクグループ（株）を含めたグループ内他社から出向社員を受け入れています。

　ただし，この場合には業務分掌を受けた組織体の責任者であるライン長（各組織体における組織長）以上については，親会社からの独立性および経営の安定性の観点から，グループ内他社との兼務はしない方針です。また，ソフトバンクグループ（株）との間の出向については，当社の事業上必要と判断するものを除きライン長以外の社員の兼務も解消しています。

　当社からソフトバンクグループ（株）を含めたグループ内他社への出向については，当社の事業上必要と判断するもののみ実施しており，その範囲において，今後も継続する方針です。

(d) ソフトバンクグループ内の他社との競合について

　現在当社グループの方針決定および事業展開の決定については，当社グループ独自に決定しており，また，ソフトバンクグループ内の他社との競合関係はありません。しかし，ソフトバンクグループ（株）およびその子会社は世界中でさまざまな事業の運営に関わっており，また，新たな事業や投資の検討を日々行っていることから，今後，当社グループは投資機会の追求にあたりグループ内他社と競合する可能性があります。当社グループとしては，それらの会社との連携を検討するなどの対応を行っていきますが，当社グループの事業に何らかの影響を及ぼす可能性があります。

(e) ソフトバンクグループとの取引関係について

　当社グループは，ソフトバンクグループ内の各社と取引を行っています。

　当社は，独立性の観点を踏まえ，ソフトバンクグループ（株）も含めた関連当事者との取引について「関連当事者規程」および「関連当事者取引管理マニュアル」を定めており，特に重要な取引については，これらの規程やマニュアルに基づき，その取引が当社グループの経営上合理的なものであるか，取引条件が外部取引と比較して適正であるかなどの観点から，都度取締役会の承認を得ることとしてい

ます。

4 経営者による財政状態，経営成績及びキャッシュ・フローの状況の分析

　当連結会計年度における経営者の視点による当社グループの財政状態，経営成績及びキャッシュ・フロー（以下「経営成績等」）の状況に関する認識および分析・検討内容は次の通りです。文中の将来に関する事項は，当連結会計年度末現在において当社グループが判断したものです。

（1）　連結経営成績の状況 ･･･

a. 事業全体およびセグメント情報に記載された区分ごとの状況 ････････････

（a）　事業全体の状況

ⅰ．経営環境と当社グループの取り組み

　当社グループは，「情報革命で人々を幸せに」という経営理念の下，情報・テクノロジー領域においてさまざまな事業を手がけ，「世界に最も必要とされる会社」になるというビジョンを掲げ企業価値の最大化に取り組んでいます。また，当社グループは，事業を通じてさまざまな社会課題の解決に貢献すべく，取り組むべき6つのマテリアリティ（重要課題）（注1）を特定しています。2023年3月期においては，新型コロナウイルスの感染拡大はようやく峠を越えましたが，国家間の対立に端を発する原油価格やさまざまな商品価格の高騰に不安定なサプライチェーンや円安が重なり，現実のものとなったインフレーションは景気の下押し圧力となりました。通信業界においては，加えて通信料の値下げの影響が本格化し，非常に厳しい事業環境となりました。しかしながら，コロナ禍に加速した社会のデジタル化の流れは途切れることなく，5G（第5世代移動通信システム）などの社会インフラを提供する当社グループの果たすべき役割はますます重要性を増したと認識しています。

　2020年8月，新型コロナウイルス感染症の拡大により事業環境の大きな変化を迎えていたなか，当社グループは2023年3月期に営業利益1兆円を達成するという中期的な目標を発表しました。通信料の値下げによる影響はあったものの，PayPay（株）の子会社化に伴う段階取得に係る差益の計上もあり，この目標を達成することができました。

2023年5月，3ヵ年の中期経営計画とともに，長期的に「デジタル化社会の発展に不可欠な次世代社会インフラを提供する企業」を目指すことを発表しました。これは，AIの加速度的な進化により急増すると予見されるデータ処理や電力の需要に対応できる構造を持ったインフラを構築し，未来の多様なデジタルサービスを支える不可欠な存在となることを意図しています。中期経営計画では，この実現に向けた事業基盤の再構築を実行していきます。成長戦略「Beyond Carrier」を推進することにより，通信料の値下げの影響からの回復に取り組み，この中期経営計画期間の最終年度である2026年3月期に，親会社の所有者に帰属する純利益において過去最高益の達成を目指します。成長戦略「Beyond Carrier」は，コアビジネスである通信事業の持続的な成長を図りながら，通信キャリアの枠を超え，情報・テクノロジー領域のさまざまな分野で積極的にグループの事業を拡大することで，企業価値の最大化を目指すものです。また，通信事業とそれらのグループ事業との連携を強化することを通じて，通信事業の競争力を強化するとともに，グループ事業のサービス利用者数の拡大やユーザーエンゲージメントの向上などのシナジーの創出を推進します。

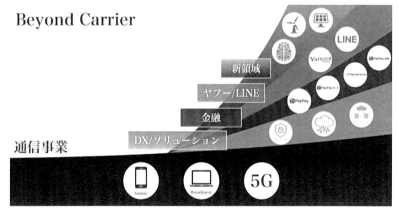

＜通信＞

　国内の通信業界においては，競争促進政策の強化や異業種からの新規参入などによって経営環境が大きく変化し，消費者からはより低廉で多様な料金やサービスを求める動きが高まっています。当社グループは，異なる特長を持つ複数のブ

ランドにより，お客さまの多様なニーズに対応するマルチブランド戦略を推進しています。具体的には，最新のスマートフォン・携帯端末や大容量データプランを求めるお客さまに高付加価値サービス等を提供する「SoftBank」ブランド，月々の通信料を抑えることを重視するお客さまにスマートフォン向けサービス等を提供する「Y!mobile」ブランド，生活シーンの変化などによりオンラインで完結するサービスへのニーズが高まったことに対応したオンライン専用の「LINEMO」ブランド等を提供しています。

　当期においては，新料金プランを巡る競合他社との競争が続く中，特に「Y!mobile」ブランドが好調に推移し，当期末のスマートフォン契約数は前期末比で168万件増加しました。ブロードバンドサービスにおいても家庭向け高速インターネット接続サービスである「SoftBank 光」の契約数が堅調に伸びており，この「SoftBank 光」契約数は前期末比で26万件増加しました。また，2022年11月より，「SoftBank」ブランドの新料金プランとして，5〜22歳で新たにスマートフォンを使用されるお客さまや，フィーチャーフォンからの機種変更またはのりかえ（携帯電話番号ポータビリティ（MNP）／番号移行），「スマホデビュープラン」に加入中のお客さまを対象に，4GBと20GBの2つのデータ容量から選ぶことができる「スマホデビュープラン＋（プラス）」の提供を開始しました。

　企業および産業のデジタル化の需要の高まりを背景に法人向けビジネスは順調に推移し，当期のソリューション等売上は前期比325億円（15.0％）増加しました。2023年3月より，企業や自治体などのさまざまなニーズに合わせて，ネットワークスライシング（注2）を活用した5Gネットワークを提供する「プライベート5G（共有型）」を開始しました。「プライベート5G（共有型）」の提供を通じ，工場やビルなどの設備を制御するシステムと情報技術システムを連携させ1つのネットワークに集約させることで，産業全体のデジタルトランスフォーメーション（DX）を推進していきます。

＜非通信の拡大＞

　当社グループは，基幹事業である通信事業の持続的な成長を図りながら，「Yahoo!JAPAN」，「LINE」といったインターネットサービスや，キャッシュレス決済サービス「PayPay」などのAI・IoT・FinTechを含む最先端テクノロジーを

活用したビジネスの展開を通じ，引き続き通信以外の領域の拡大を目指します。

　また，先端技術を保有する企業やソリューションの提供を行う企業との連携にも取り組んでおり，具体的にはパートナーである各企業と合弁会社を設立し，非通信の拡大を推進しています。

Ｚホールディングスグループ

　2023年2月，Ｚホールディングス（株）は，よりプロダクトファーストの組織体制とし，Ｚホールディングス（株）とLINE（株）の経営統合によるシナジーの拡大を加速させるため，Ｚホールディングス（株），LINE（株），ヤフー（株）の3社を中心としたグループ内再編を実施する方針を決議しました。グループ内再編の完了時期（効力発生日）は2023年10月1日（予定）です。これにより，プロダクトにおいてはより迅速な意思決定の下，各サービスの連携強化と統廃合を推進してＺホールディングスグループの全サービスの付加価値の向上を目指します。

　Ｚホールディングス（株）は代表取締役の異動について決議をし，2023年4月より，川邊健太郎が代表取締役会長，出澤剛が代表取締役社長CEO，慎ジュンホが代表取締役GCPO（グループ・チーフ・プロダクト・オフィサー）に就任しました。また，Ｚホールディングスグループにおけるシナジー創出，および経営戦略の策定・意思決定・実行の迅速化を図るべく，新たに「CGSO（チーフ・グループ・シナジー・オフィサー）」および「CSO（チーフ・ストラテジー・オフィサー）」を新設・任命しました。

　シナジー創出を加速する取り組みの一例として，2023年3月から「LYP（エルワイピー）マイレージ」の提供を開始しました。ユーザーが対象商品を，オフラインでは対象店舗にて「PayPay」の決済で，オンラインでは「Yahoo!ショッピング」の対象ストアで購入し，商品ごとに設定された条件の購入金額を達成すると，PayPayポイント付与などの特典が受けられます。「LYPマイレージ」に参加するメーカーなどの企業は，ユーザーのオフラインとオンライン双方での購買データを活用した継続的かつ効果的な販促が可能となり，販促コストの低減，LTV（顧客生涯価値）の最大化や顧客ロイヤリティの向上につながります。

PayPay（株）

2022年10月1日付で当社およびＺホールディングス（株）の子会社となった
PayPay（株）が運営する「PayPay」の登録ユーザー数（注3）は，2018年10月
にサービス提供を開始してから4年4カ月という短期間で5,500万人を突破し，
2023年3月末では5,664万人となりました。当期における「PayPay」の決済回
数（注4）は前期比約1.4倍となる51.4億回を超え，決済取扱高（注5）は前期比
約1.5倍となる7.9兆円となり，いずれも順調に増加しました。また，PayPayカー
ド（株）を含む連結ベースでの決済取扱高（注4，5）は前期比約1.3倍となる
10.2兆円となりました。

　PayPay（株）は2023年2月より「PayPay」アプリ上で「PayPay」の加盟店が
発行するチラシを閲覧できるサービス「PayPayチラシ」の提供を開始しました。
ユーザーは自宅や職場周辺など最大4つのエリアを登録することで，店舗から簡
単に情報を取得できます。加盟店は，ユーザーに対し手軽に情報を訴求すること
ができることに加え，チラシを配信した期間に「PayPay」決済がどれだけあった
かなど，紙のチラシと比較して効果測定が行いやすくなり，マーケティングの効
率化に向けたデータ分析が可能になります。

＜経営環境に関する認識＞

　当社グループが認識している主な外部環境要因および対応は以下の通りです。

金利上昇	当社は長期借入金の約80％について固定金利での借り入れを行っており（注6）、直ちに重要な影響はありません。
為替変動	当社の為替エクスポージャーは限定的ですが、よりリスクの低減を図るため、必要に応じて為替予約取引を利用しています。
燃料価格高騰	当社は基地局やネットワークセンターなどで多くの電力を使用しており、燃料価格高騰による影響を低減するため、省エネ設備への置き換えを進めています。また、今後はトラフィックの少ない時間帯における基地局の無線機制御等を行い、電力量の削減に取り組んでいく予定です。なお、1kWh当たりの電力料金が1円上がった場合の年間影響額は約21億円です。（注7） 「おうちでんき」などの電力サービスについては、お客さまに請求している燃料費調整額に上限価格を設定していましたが、燃料価格高騰を背景に、安定的な電力供給を目的として、2022年11月1日より上限価格を廃止しました。
半導体不足	若干の改善傾向は見られるものの、半導体不足の影響により、一部の通信設備等の当社への納入までのリードタイム長期化は継続して発生しています。リードタイムを踏まえて発注の前倒し等の対策を実施しているため、5Gネットワークの構築に重要な影響はありません。

（注1）マテリアリティ（重要課題）の詳細については、「第2　事業の状況　2　サステナビリティに関する考
　　　え方及び取組（2）サステナビリティ全般ｃ．戦略及び指標及び目標ⅱ．マテリアリティ（重要課題）」
　　　をご参照ください。
（注2）ネットワークスライシングとは，ネットワークを仮想化してリソースを分割し，用途や目的（高速大

(注3) PayPayのアカウント登録済みのユーザー数です。

(注4) ユーザー間での「PayPay残高」の「送る・受け取る」機能の利用は含みません。2022年3月期第4四半期以降は「Alipay」,「LINEPay」等経由の決済を含みます。2022年2月より提供開始した「PayPayあと払い」による決済を含みます。

(注5) 2022年3月期に遡って,PayPay (株) とPayPayカード (株) の取扱高を合算し,両社の内部取引を消去した数値です。

(注6) 金利スワップ取引により,支払利息の固定化を行った一部の変動金利の借入金を含みます。

(注7) 当社および主な子会社における2022年3月期の電気使用量2,117,259MWhに基づいた試算です。

ⅱ．連結経営成績の概況

（単位：億円）

| | 3月31日に終了した1年間 | | | |
	2022年	2023年	増減	増減率
売上高	56,906	59,120	2,214	3.9%
営業利益	9,656	10,602	946	9.8%
税引前利益	8,580	8,629	49	0.6%
法人所得税	△2,826	△2,087	738	△26.1%
純利益	5,754	6,541	787	13.7%
親会社の所有者	5,171	5,314	143	2.8%
非支配持分	584	1,228	644	110.4%
調整後EBITDA(注1)	17,418	15,664	△1,754	△10.1%

(注) 2022年12月31日に終了した3カ月間より,共通支配下の取引について,簿価引継法から取得法に基づいて会計処理する方法へと変更しました。これに伴い,2022年3月31日に終了した1年間の数値を遡及修正しています。

(注1) 調整後EBITDAの算定方法は,「(4) ＜財務指標に関する説明＞IFRSに基づかない指標」をご参照ください。

当期の連結経営成績の概況は,以下の通りです。

（ⅰ）売上高

当期の売上高は全セグメントで増収となり,前期比2,214億円（3.9%）増の59,120億円となりました。流通事業はICT（情報通信技術）関連の商材およびサブスクリプションサービスの堅調な増加などにより895億円,金融事業はPayPay（株）の子会社化などにより748億円,ヤフー・LINE事業はコマース売上の増収に加えLINE（株）のアカウント広告やヤフー（株）の検索広告の売上の増加などにより402億円,法人事業はデジタル化に伴うソリューション需

要の増加などにより346億円，コンシューマ事業が4億円，それぞれ増収となりました。コンシューマ事業の増収は，物販等売上の減少や通信料の値下げの影響などによりモバイル売上が減少した一方で，電力市場での取引量の増加および価格の上昇などによりでんき売上が増加したことによるものです。

（ⅱ）　営業利益

　当期の営業利益は，前期比946億円（9.8％）増の10,602億円となりました。これは主として，PayPay（株）の子会社化に伴い段階取得に係る差益2,948億円を計上したこと，および法人事業において66億円増益したことによるものです。一方で，コンシューマ事業は通信料の値下げの影響などにより1,770億円，金融事業はPayPay（株）の子会社化などにより268億円，それぞれ減益となりました。

（ⅲ）　純利益

　当期の純利益は，前期比787億円（13.7％）増の6,541億円となりました。これは主として，金融費用が増加し，また持分法による投資の減損損失を計上したものの，PayPay（株）の子会社化に伴い段階取得に係る差益の計上などで営業利益および税引前利益が増加したこと，さらに通信料の値下げの影響などによる課税所得の減少に伴い法人所得税が減少したことによるものです。

（ⅳ）　親会社の所有者に帰属する純利益

　当期の親会社の所有者に帰属する純利益は，前期比143億円（2.8％）増の5,314億円となりました。なお，非支配持分に帰属する純利益は，前期比644億円（110.4％）増の1,228億円となりました。これは主として，ZホールディングスグループにおいてもPayPay（株）の子会社化に伴う段階取得に係る差益1,474億円を計上したことによるものです。

（ⅴ）　調整後EBITDA

　当期の調整後EBITDAは，前期比1,754億円（10.1％）減の15,664億円となりました。これは主として，PayPay（株）の子会社化に伴う段階取得に係る差益を除いた営業利益が前期比で減少したことによるものです。当社グループは，非現金取引の影響を除いた調整後EBITDAを，当社グループの業績を評価するために有用かつ必要な指標であると考えています。

ⅲ．主要事業データ

モバイルサービス

　コンシューマ事業と法人事業において営んでいるモバイル契約の合計です。モバイルサービスの各事業データには，「SoftBank」ブランド，「Y!mobile」ブランド，「LINEMO」ブランド，「LINEモバイル」ブランドが含まれます。

（単位：千件）

累計契約数	2022年3月31日	2023年3月31日	増減
合計	49,509	52,281	2,772
主要回線(注)	38,569	39,596	1,027
うち、スマートフォン	27,580	29,262	1,682
通信モジュール等	10,603	12,621	2,018
PHS	337	64	△273

（単位：千件）

純増契約数	3月31日に終了した1年間		増減
	2022年	2023年	
主要回線(注)	658	1,027	369
うち、スマートフォン	1,654	1,682	27

解約率・総合ARPU		2022年	2023年	増減
主要回線(注)	解約率	1.10%	1.10%	+0.00ポイント
	総合ARPU(円)	4,070	3,850	△220
	割引前ARPU(円)	4,390	4,110	△280
	割引ARPU(円)	△320	△250	60
スマートフォン	解約率	0.99%	1.04%	+0.05ポイント

（注）　主要回線の契約数に，2017年7月よりサービス開始した「おうちのでんわ」の契約数を含めて開示しています。
　　　　ARPUおよび解約率は，同サービスを除いて算出・開示しています。

ブロードバンドサービス

　コンシューマ事業において提供している，家庭向けの高速インターネット接続サービスです。

（単位：千件）

累計契約数	2022年3月31日	2023年3月31日	増減
合計	8,313	8,395	81
SoftBank 光	7,306	7,566	259
Yahoo! BB 光 with フレッツ	625	573	△51
Yahoo! BB ADSL	383	256	△127

＜主要事業データの定義および算出方法＞

モバイルサービス

主要回線：スマートフォン，従来型携帯電話，タブレット，モバイルデータ通信端末，「おうちのでんわ」など

　＊「LINEモバイル」は，2021年3月31日をもって，新規受付を終了しました。

通信モジュール等：通信モジュール，みまもりケータイ，プリペイド式携帯電話など

　＊PHS回線を利用した通信モジュールは，「PHS」に含まれます。

解約率：月間平均解約率（小数点第3位を四捨五入して開示）

（算出方法）

　解約率＝解約数÷稼働契約数

　　＊解約数：当該期間における解約総数。携帯電話番号ポータビリティ（MNP）制度を利用して 「SoftBank」，「Y!mobile」，「LINEMO」，「LINEモバイル」の間で乗り換えが行われ　る際の解約は含まれません。

　　＊解約率（スマートフォン）：主要回線のうち，スマートフォンの解約率です。

ARPU（Average Revenue PerUser）：1契約当たりの月間平均収入（10円未満を四捨五入して開示）

（算出方法）

　総合ARPU＝（データ関連収入＋基本料・音声関連収入＋端末保証サービス収入，コンテンツ関連収入，広告収入など）÷稼働契約数

　　＊データ関連収入：パケット通信料・定額料，インターネット接続基本料など

　　＊基本料・音声関連収入：基本使用料，通話料，着信料収入など

　　＊稼働契約数：当該期間の各月稼働契約数（（月初累計契約数＋月末累計契約数）÷2）の合計値割引ARPU＝月月割ARPU＋固定セット割ARPU（「おうち割光セット」，「光おトク割」など）

ブロードバンドサービス

「SoftBank光」：東日本電信電話（株）（以下「NTT東日本」）および西日本電信

電話（株）（以下「NTT西日本」）の光アクセス回線の卸売りを
利用した光回線サービスとISP（Internet Service Provider）サー
ビスを統合したサービス
（累計契約数）NTT東日本およびNTT西日本の局舎において光
回線の接続工事が完了している回線数です。
「SoftBank Air」契約数を含みます。
「Yahoo! BB光withフレッツ」：NTT東日本およびNTT西日本の光アクセス回
線「フレッツ光シリーズ」とセットで提供する
ISPサービス
（累計契約数）NTT東日本およびNTT西日本の局舎において
光回線の接続工事が完了し，サービスを提供し
ているユーザー数です。
「Yahoo! BB ADSL」：ADSL回線サービスとISPサービスを統合したサービス
（累計契約数）NTT東日本およびNTT西日本の局舎において，
ADSL回線の接続工事が完了している回線数で
す。

　なお，「ⅲ.主要事業データ」の「増減」の算定に際し，四捨五入前の数値をも
とに算定しているため，「ⅲ.主要事業データ」記載の四捨五入後の数値の増減と
は一致しないことがあります。

(b)　セグメント情報に記載された区分ごとの状況

ⅰ．コンシューマ事業

＜事業概要＞

　コンシューマ事業では，主として国内の個人のお客さまに対し，モバイルサー
ビス，ブロードバンドサービスおよび「おうちでんき」などの電力サービスを提供
しています。また，携帯端末メーカーから携帯端末を仕入れ，ソフトバンクショッ
プ等を運営する代理店または個人のお客さまに対して販売しています。

＜業績全般＞

（単位：億円）

	3月31日に終了した1年間		増減	増減率
	2022年	2023年		
売上高	28,827	28,831	4	0.0%
営業費用(注)	22,432	24,207	1,774	7.9%
うち，減価償却費及び償却費	4,202	4,275	72	1.7%
セグメント利益	6,395	4,624	△1,770	△27.7%

(注) 営業費用には，売上原価，販売費および一般管理費，その他の営業収益，その他の営業費用を含みます。

売上高の内訳

（単位：億円）

	3月31日に終了した1年間		増減	増減率
	2022年	2023年		
サービス売上	22,518	23,033	515	2.3%
モバイル	16,081	15,135	△945	△5.9%
ブロードバンド	4,046	3,968	△78	△1.9%
でんき	2,391	3,930	1,539	64.4%
物販等売上	6,309	5,798	△511	△8.1%
売上高合計	28,827	28,831	4	0.0%

　コンシューマ事業の売上高は，前期比4億円（0.0%）増の28,831億円となりました。そのうち，サービス売上は，前期比515億円（2.3%）増加し23,033億円となり，物販等売上は，前期比511億円（8.1%）減少し5,798億円となりました。

　サービス売上のうち，モバイルは前期比945億円（5.9%）減少しました。これは，スマートフォン契約数が「Y!mobile」ブランドを中心に伸びた一方で，通信料の値下げにより平均単価が減少したこと，および売上から控除される顧客獲得施策の影響などによるものです。通信料の値下げによる平均単価の減少は，主に「SoftBank」ブランド・「Y!mobile」ブランドにおける新料金プラン導入の影響，および「SoftBank」ブランドから「Y!mobile」ブランド・「LINEMO」ブランドへの移行が進んだことによるものです。

　ブロードバンドは，前期比78億円（1.9%）減少しました。これは，光回線サービス「SoftBank 光」契約数が増加した一方で，キャンペーン施策により平均単価

が減少したことなどによるものです。

　でんきは，前期比1,539億円（64.4％）増加しました。これは主として，電力市場での取引量の増加および価格の上昇などによるものです。

　物販等売上の減少は，機種変更数の減少に伴い端末販売台数が減少したことなどによるものです。

　営業費用は24,207億円となり，前期比で1,774億円（7.9％）増加しました。これは主として，上記の端末販売台数の減少に伴い商品原価が減少した一方で，でんきに係る仕入原価が増加したことによるものです。

　上記の結果，セグメント利益は，前期比1,770億円（27.7％）減の4,624億円となりました。

ⅱ．法人事業

＜事業概要＞

　法人事業では，法人のお客さまに対し，モバイル回線提供や携帯端末レンタルなどのモバイルサービス，固定電話やデータ通信などの固定通信サービス，データセンター，クラウド，セキュリティ，グローバル，AI，IoT，デジタルマーケティング等のソリューション等サービスなど，多様な法人向けサービスを提供しています。

＜業績全般＞

（単位：億円）

	3月31日に終了した1年間		増減	増減率
	2021年	2022年		
売上高	6,916	7,157	241	3.5%
セグメント利益	1,077	1,285	207	19.2%
減価償却費及び償却費	1,603	1,586	△17	△1.1%

（注）　営業費用には，売上原価，販売費および一般管理費，その他の営業収益，その他の営業費用を含みます。

売上高の内訳

（単位：億円）

| | 3月31日に終了した1年間 | | 増減 | 増減率 |
	2022年	2023年		
モバイル	3,132	3,200	68	2.2%
固定	1,868	1,821	△46	△2.5%
ソリューション等	2,157	2,482	325	15.0%
売上高合計	7,157	7,503	346	4.8%

　法人事業の売上高は，前期比346億円（4.8%）増の7,503億円となりました。そのうち，モバイルは前期比68億円（2.2%）増の3,200億円，固定は前期比46億円（2.5%）減の1,821億円，ソリューション等は前期比325億円（15.0%）増の2,482億円となりました。

　モバイル売上の増加は，主として，通信売上の増加によるものです。

　固定売上の減少は，主として，電話サービスの契約数が減少したことによるものです。ソリューション等売上の増加は，企業のデジタル化需要をとらえ，クラウドサービスおよびセキュリティソリューションの売上が増加したことなどによるものです。

　営業費用は6,152億円となり，前期比で280億円（4.8%）増加しました。これは主として，ヘルスケアテクノロジーズ（株）の子会社化に伴い段階取得に係る差益を計上したことによる営業費用の減少があった一方で，上記ソリューション等の売上の増加に伴い原価が増加したこと，訴訟に係る引当金を計上したことや，前期において一時的な費用の戻し入れがあったことによるものです。

　上記の結果，セグメント利益は，前期比66億円（5.2%）増の1,351億円となりました。

ⅲ．流通事業

＜事業概要＞

　流通事業は，変化する市場環境を迅速にとらえた最先端のプロダクトやサービスを提供しています。法人のお客さま向けには，クラウドサービス，AIを含めた先進テクノロジーを活用した商材を提供しています。個人のお客さま向けには，メーカーあるいはディストリビューターとして，ソフトウエアやモバイルアクセサリー，IoTプロダクト等，多岐にわたる商品の企画・提供を行っています。

<業績全般>

（単位：億円）

| | 3月31日に終了した1年間 | | 増減 | 増減率 |
	2022年	2023年		
売上高	5,006	5,900	895	17.9%
営業費用（注）	4,777	5,658	881	18.4%
うち、減価償却費及び償却費	37	41	4	12.1%
セグメント利益	229	243	14	6.0%

（注）　営業費用には，売上原価，販売費および一般管理費，その他の営業収益，その他の営業費用を含みます。

　流通事業の売上高は，前期比895億円（17.9%）増の5,900億円となりました。これは主として，ICT（情報通信技術）関連の商材および注力しているクラウド，SaaSなどのサブスクリプションサービスが堅調に伸びたことによるものです。

　営業費用は5,658億円となり，前期比で881億円（18.4%）増加しました。これは主として，売上高の増加に伴い売上原価が増加したことによるものです。

　上記の結果，セグメント利益は，前期比14億円（6.0%）増の243億円となりました。

iv．ヤフー・LINE事業

<事業概要>

　ヤフー・LINE事業は，メディアおよびコマースを中心としたサービスを展開し，オンラインからオフラインまで一気通貫でサービスを提供しています。メディア領域においては，インターネット上や「LINE」での広告関連サービス，コマース領域においては「Yahoo!ショッピング」，「ZOZOTOWN」などのeコマースサービスや「ヤフオク!」などのリユースサービス，戦略領域においては，メディア・コマースに次ぐ新たな収益の柱となるよう取り組んでいるFinTechサービス等の提供を行っています。

<業績全般>

（単位：億円）

| | 3月31日に終了した1年間 | | 増減 | 増減率 |
	2022年	2023年		
売上高	15,215	15,617	402	2.6%
営業費用（注1）	13,620	14,019	399	2.9%
うち、減価償却費及び償却費	1,510	1,599	89	5.9%
セグメント利益	1,595	1,597	3	0.2%

（注）　当社は，2022年12月31日に終了した3カ月間より，共通支配下の取引について，簿価引継法から取得法に基づいて会計処理する方法へと変更しました。また，当社は，2022年12月31日に終了した3カ月間より，報告セグメントに「金融」を追加したことに伴い，各報告セグメントを構成する会社を見直しました。これらに伴い，ヤフー・LINE事業の2022年3月31日に終了した1年間の数値を遡及修正しています。

（注1）営業費用には，売上原価，販売費および一般管理費，その他の営業収益，その他の営業費用を含みます。

売上高の内訳

（単位：億円）

| | 3月31日に終了した1年間 | | | |
	2022年	2023年	増減	増減率
メディア（注1）	6,345	6,339	△5	△0.1%
コマース	8,091	8,346	255	3.2%
戦略（注1、2）	631	785	155	24.5%
その他（注1）	148	146	△2	△1.5%
売上高合計（注2）	15,215	15,617	402	2.6%

（注1）2023年3月31日に終了した1年間において，Zホールディングスグループでは，事業の管理区分を見直し，一部のサービスについて区分を移管しました。これに伴い，2022年3月31日に終了した1年間のヤフー・LINE事業の売上高のうち，「メディア」，「戦略」および「その他」の内訳を修正再表示しています。

（注2）当社は，2022年12月31日に終了した3カ月間より，報告セグメントに「金融」を追加したことに伴い，各報告セグメントを構成する会社を見直しました。これに伴い，ヤフー・LINE事業の2022年3月31日に終了した1年間の数値を遡及修正しています。

ヤフー・LINE事業の売上高は，前期比402億円（2.6%）増の15,617億円となりました。そのうち，メディアは前期比5億円（0.1%）減の6,339億円，コマースは前期比255億円（3.2%）増の8,346億円，戦略は前期比155億円（24.5%）増の785億円，その他は前期比2億円（1.5%）減の146億円となりました。

メディア売上は前期比で微減ですが，主として，「LINE公式アカウント」における大手顧客の配信メッセージ数増加や，中小加盟店の有償アカウント数増加によりアカウント広告の売上が増加したことや，ヤフー（株）の検索広告の売上が増加したものの，ディスプレイ広告が市況悪化の影響などを受け減収となったことによるものです。

コマース売上の増加は，主として，アスクルグループ（アスクル（株）および子会社）やZOZOグループ（（株）ZOZOおよび子会社）における取扱高の増加や，

経済活動の再開に伴い旅行関連の売上が増加したことによるものです。

戦略売上の増加は，主として，FinTech領域の売上が増加したことによるものです。

営業費用は14,019億円となり，前期比で399億円（2.9%）増加しました。これは主として，アスクルグループおよびLINEグループ（LINE（株）および子会社）の売上原価の増加やLINEグループにおける人員増加に伴う人件費の増加などによるものです。

上記の結果，セグメント利益は，前期比3億円（0.2%）増の1,597億円となりました。

　ⅴ．金融事業

＜事業概要＞

金融事業では，QRコード決済やクレジットカードなどのキャッシュレス決済サービス，加盟店のマーケティングソリューションの開発・提供，あと払いや資産運用などの金融サービス，およびクレジットカード・電子マネー・QRコードなど多様化する決済を一括で提供する決済代行サービスなどを提供しています。

2022年10月1日付でPayPay（株）を子会社化したことに伴い，2022年12月31日に終了する3カ月間より報告セグメントに「金融」を追加しました。金融事業を構成する主な事業会社は，PayPay（株），PayPayカード（株），SBペイメントサービス（株），PayPay証券（株）です。

＜業績全般＞（単位：億円）

| | 3月31日に終了した1年間 | | | |
	2022年	2023年	増減	増減率
売上高	675	1,423	748	110.8%
営業費用(注)	531	1,547	1,016	191.3%
うち、減価償却費及び償却費	71	131	60	84.5%
セグメント利益	144	△124	△268	―

(注) 営業費用には，売上原価，販売費および一般管理費，その他の営業収益，その他の営業費用を含みます。

金融事業の売上高は，前期比748億円（110.8%）増の1,423億円となりました。これは主として，2022年10月1日付でPayPay（株）を子会社化したことによるものです。

営業費用は1,547億円となり，前期比で1,016億円（191.3%）増加しました。これは主として，上記PayPay（株）の子会社化の影響によるものです。

(point) **財務諸表**

　この項目では，連結ではなく単体の貸借対照表と，損益計算書の内訳を確認することができる。連結＝単体＋子会社なので，会社によっては単体の業績を調べて連結全体の業績予想のヒントにする場合があるが，あまりその必要性がある企業は多くない。

上記の結果，セグメント利益は，前期比268億円減の△124億円となりました。

b. 生産，受注及び販売の実績

当社グループは，コンシューマ，法人，流通，ヤフー・LINE，金融の5つのセグメントと，それ以外の事業から構成されています。いずれも，受注生産形態をとらない事業であるため，セグメントごとに生産の規模および受注の規模を金額あるいは数量で示すことはしていません。なお，当連結会計年度における販売の状況については以下の通りです。

セグメントの名称	金額(億円)	前期比(%)
コンシューマ	28,831	0.0
法人	7,503	4.8
流通	5,900	17.9
ヤフー・LINE	15,617	2.6
金融	1,423	110.8
その他	1,647	7.0
セグメント間の内部売上高または振替高	△1,802	19.0
合計	59,120	3.9

(注) 1　金額は，外部顧客に対する売上高とセグメント間の内部売上高または振替高の合計です。

2　主な相手先別の販売実績および当該販売実績の総販売実績に対する割合については，その割合が100分の10以上に該当する相手先がないため，記載を省略しています。

(参考情報)

提出会社の第37期における基礎的電気通信役務損益明細表は以下の通りです。

基礎的電気通信役務損益明細表

役務の種類	営業収益(百万円)	営業費用(百万円)	営業利益(百万円)
基礎的電気通信役務	18,233	17,152	1,081
基礎的電気通信役務以外の電気通信役務	2,395,402	2,024,974	370,428
計	2,413,635	2,042,126	371,509

(注)　基礎的電気通信役務損益明細表は，電気通信事業会計規則第5条及び同附則第2項，第3項に基づき記載するものとなります。

(2) 連結財政状態の状況 ···

（単位：億円）

		2022年 3月31日	2023年 3月31日	増減	増減率
	流動資産	41,311	49,481	8,170	19.8%
	非流動資産	89,664	97,341	7,677	8.6%
資産合計		130,975	146,822	15,847	12.1%
	流動負債	53,428	63,726	10,299	19.3%
	非流動負債	45,420	46,265	845	1.9%
負債合計		98,847	109,991	11,144	11.3%
資本合計		32,127	36,831	4,703	14.6%

(注)　2022年12月31日に終了した3カ月間より，共通支配下の取引について，簿価引継法から取得法に基づいて会計処理する方法へと変更しました。これに伴い，2022年3月31日時点の数値を遡及修正しています。

（単位：億円）

	3月31日に終了した1年間		増減
	2022年	2023年	
設備投資(注1)	6,473	7,886	1,413
うち，コンシューマ・法人事業の設備投資(注2)	3,932	4,075	143

(注1) 設備投資は検収ベースでの記載です。
(注2) コンシューマ・法人事業の設備投資は，レンタル端末への投資額，他事業者との共用設備投資（他事業者負担額）およびIFRS第16号「リース」適用による影響は除きます。

（資産）

　当期末の総資産は，前期末から15,847億円（12.1%）増加し，146,822億円となりました。これは主として，PayPay（株）等の子会社化に伴うのれんの増加5,697億円，現金及び現金同等物の増加5,124億円，その他の金融資産の増加2,933億円，営業債権及びその他の債権の増加2,608億円があったことによるものです。現金及び現金同等物の増加は，主として，PayPay（株）の子会社化によるものです。

（負債）

　当期末の負債は，前期末から11,144億円（11.3%）増加し，109,991億円となりました。これは主として，PayPay（株）の子会社化に伴う営業債務及びその他の債務の増加8,548億円，有利子負債の増加1,350億円，銀行事業の預金の増加661億円があったことによるものです。有利子負債の増加は，主として，Zホールディングスグループにおいて各種の資金調達を実施したことによるものです。

（資本）

　当期末の資本は，前期末から4,703億円（14.6%）増加し，36,831億円とな

りました。親会社の所有者に帰属する持分は，2,643億円（13.5%）増加しました。これは主として，剰余金の配当による減少4,057億円があった一方，当期の純利益の計上による増加5,314億円，および主としてPayPay（株）の優先株式を公正価値で測定したことに伴うその他の包括利益累計額の増加1,231億円があったことによるものです。非支配持分は，2,060億円（16.5%）増加しました。これは主として，ZホールディングスグループにおいてPayPay（株）の子会社化に伴う段階取得に係る差益を計上したことなどによる純利益の増加1,228億円，および親会社の所有者に帰属する持分と同様の理由によるその他の包括利益累計額の増加670億円によるものです。

（設備投資）

　当期の設備投資は，前期比1,413億円増の7,886億円となりました。これは主として，Zホールディングスグループの設備投資が増加したこと，および5Gへの投資が増加したことによるものです。

(3) 連結キャッシュ・フローの状況 ……………………………………………

（単位：億円）

	3月31日に終了した1年間		
	2022年	2023年	増減
営業活動によるキャッシュ・フロー	12,159	11,558	△602
投資活動によるキャッシュ・フロー	△9,577	△1,548	8,029
財務活動によるキャッシュ・フロー	△3,051	△4,953	△1,902
現金及び現金同等物の期末残高	15,468	20,592	5,124
フリー・キャッシュ・フロー（注1）	2,582	10,010	7,428
割賦債権の流動化による影響（注1）	938	196	△742
調整後フリー・キャッシュ・フロー（注1）	3,520	10,206	6,685
調整後フリー・キャッシュ・フロー （Zホールディングスグループ，PayPay等除く）（注2）	5,797	6,186	389

（注1）フリー・キャッシュ・フロー，割賦債権の流動化による影響，調整後フリー・キャッシュ・フローの算定方法は，「(4) ＜財務指標に関する説明＞IFRSに基づかない指標」をご参照ください。

（注2）Zホールディングスグループ，PayPay等のフリー・キャッシュ・フロー，役員への貸付などを除き，Aホールディングス（株）からの受取配当を含みます。なお，PayPay等にはAホールディングス（株），Bホールディングス（株），PayPay（株），PayPayカード（株）を含みます。

a. 営業活動によるキャッシュ・フロー ……………………………………………

　当期の営業活動によるキャッシュ・フローは，11,558億円の収入となりました。前期比では602億円収入が減少しており，これは主として，営業債権・債

務などの必要運転資本，および法人所得税の支払額が減少したものの，調整後EBITDAや銀行事業の預金に係る収入が減少し，さらに銀行事業の貸付に係る支出が増加したことによるものです。

b. 投資活動によるキャッシュ・フロー ··

当期の投資活動によるキャッシュ・フローは，1,548億円の支出となり，前期比では8,029億円支出が減少しました。これは主として，当期において，PayPay（株）を子会社化した際の現金及び現金同等物残高の受け入れに伴う収入が3,973億円あったこと，前期において，ヤフー（株）が締結したライセンス契約に伴い商標権などを1,785億円で取得したことや，LINE（株）（現Aホールディングス（株））株式の併合による単元未満株式買い取り1,152億円などの支出があったことによるものです。

c. 財務活動によるキャッシュ・フロー ··

当期の財務活動によるキャッシュ・フローは，4,953億円の支出となりました。これは，銀行借入・リース・社債・債権流動化などの資金調達による収入が21,814億円あった一方で，借入金の約定弁済や配当金支払などの支出が26,767億円あったことによるものです。

d. 現金及び現金同等物の期末残高 ··

a.〜c.の結果，当期における現金及び現金同等物の残高は，前期末比5,124億円増の20,592億円となりました。

e. 調整後フリー・キャッシュ・フロー ··

当期の調整後フリー・キャッシュ・フローは，10,206億円の収入となりました。前期比では6,685億円増加しましたが，これは上記の通り，営業活動によるキャッシュ・フローおよび割賦債権の流動化による収入が減少した一方で，投資活動によるキャッシュ・フローの支出の減少があったことによるものです。

f. 資本の財源及び資金の流動性に係る情報 ··

当社の財務戦略については，「1経営方針，経営環境及び対処すべき課題等（3）経営方針d.財務戦略」をご参照ください。

（キャッシュ・フロー関連指標の推移）

	3月31日に終了した1年間	
	2022年	2023年
親会社所有者帰属持分比率(注)	15.0%	15.2%
キャッシュ・フロー対有利子負債比率(年)	4.9	5.3
インタレスト・カバレッジ・レシオ(倍)(注)	27.5	25.5

＜各指標の計算方法＞

親会社所有者帰属持分比率：親会社の所有者に帰属する持分合計／資産合計

キャッシュ・フロー対有利子負債比率：有利子負債（※1）／キャッシュ・フロー（※2）インタレスト・カバレッジ・レシオ：調整後EBITDA（※3）／支払利息（※4）

（※1）有利子負債は連結財政状態計算書の流動負債と非流動負債の中の有利子負債の合計値を使用しています。

（※2）キャッシュ・フローは連結キャッシュ・フロー計算書の営業活動によるキャッシュ・フローを使用しています。

（※3）算出方法は、「(4)＜財務指標に関する説明＞IFRSに基づかない指標a.調整後EBITDA」をご参照ください。

（※4）支払利息は、連結キャッシュ・フロー計算書の利息の支払額を使用しています。

（注）上表の2022年3月31日時点の数値は、非支配株主が存在する中で行われた共通支配下の取引について、取得法に基づいて会計処理する方法に変更したことに伴い遡及修正しています。詳細は、「第5 経理の状況 1 連結財務諸表等連結財務諸表注記 4. 会計方針の変更 (2) 共通支配下の取引に関する会計方針の変更および過年度連結財務諸表の遡及適用に伴う影響」をご参照ください。

(4)　＜財務指標に関する説明＞IFRSに基づかない指標 ･･････････････････････

当社グループは、IFRSで定義されていないか、IFRSに基づき認識されない財務指標を使用しています。経営者は、当社グループの業績に対する理解を高め、現在の業績を評価する上での重要な指標として用いることを目的として、当該指標を使用しています。当該指標はIFRSでは定義されていないため、他社において当社グループとは異なる計算方法または異なる目的で用いられる可能性があります。そのため、比較可能性を担保する観点から、その有用性を制限しています。

a.　調整後EBITDA ･･･

調整後EBITDAは、営業利益に「減価償却費及び償却費（固定資産除却損を含む）」、「株式報酬費用」および通常の事業活動では発生しない費用・収益である「そ

の他の調整項目」を加減算したものです。「その他の調整項目」には，連結損益計算書に記載されている「その他の営業収益」および「その他の営業費用」が含まれています。

当社グループは，非現金取引の影響を除いた業績評価のための指標として調整後EBITDAを使用しています。調整後EBITDAは，当社グループの業績をより適切に評価するために有用かつ必要な指標であると考えています。

営業利益と調整後EBITDAの調整は，以下の通りです。

（単位：億円）

	2022年3月31日に 終了した1年間	2023年3月31日に 終了した1年間
営業利益	9,656	10,602
（加算）減価償却費及び償却費（注1）	7,645	7,951
（加算）株式報酬費用	178	218
（加算（△は減算））その他の調整項目： 企業結合に伴う再測定による利益	－	△3,101
（加算（△は減算））その他の調整項目： 訴訟損失引当金繰入額	－	△90
（加算（△は減算））その他の調整項目： 子会社の支配喪失に伴う利益	△62	△35
（加算（△は減算））その他の調整項目： 減損損失	24	56
（加算（△は減算））その他の調整項目： その他の調整項目	△23	63
調整後EBITDA（注2）	17,418	15,664

（注1）上表の「減価償却費及び償却費」には，「第5経理の状況1連結財務諸表等d.連結キャッシュ・フロー計算書」に記載されている減価償却費及び償却費（2022年3月31日に終了した1年間7,453億円2023年3月31日に終了した1年間7,642億円）に加えて，同計算書に記載されている固定資産除却損（2022年3月31日に終了した1年間192億円2023年3月31日に終了した1年間309億円）が含まれています。

b. 営業利益マージンおよび調整後EBITDAマージン

営業利益マージンは営業利益を売上高で除して計算しています。調整後EBITDAマージンは上記a.調整後EBITDAを売上高で除して計算しています。

当社グループは，以下の業績指標を使用しています。

（a） 営業利益マージン

当社グループは，営業利益に対する影響を管理する指標として営業利益マージンを使用しています。

（b） 調整後EBITDAマージン

調整後EBITDAは上記の営業利益から減価償却費及び償却費（固定資産除却損を含む），株式報酬費用および「その他の調整項目」を加減算して算出されており，

調整後EBITDAマージンは本業の経常的な収益性を理解するのに適した指標であると考えます。

当社グループは，上記指標が，当社グループの業績評価をより適切に行うために有用かつ必要な指標であると考えています。

営業利益マージンおよび調整後EBITDAマージンの算定は以下の通りです。

（単位：億円）

	2022年3月31日に 終了した1年間	2023年3月31日に 終了した1年間
売上高	56,906	59,120
営業利益	9,656	10,602
営業利益マージン	17.0%	17.9%
調整後EBITDA（注）	17,418	15,664
調整後EBITDAマージン（注）	30.6%	26.5%

（注） 当期より，調整後EBITDAの定義を見直し，株式報酬費用を加味することにしました。これに伴い，前期の数値を修正再表示しています。

c. フリー・キャッシュ・フローおよび調整後フリー・キャッシュ・フロー

フリー・キャッシュ・フローは，営業活動によるキャッシュ・フローに投資活動によるキャッシュ・フローを加算して計算される指標です。

調整後フリー・キャッシュ・フローは，フリー・キャッシュ・フローから端末の割賦債権流動化による資金調達額を加算し，当該返済額を減算して計算される指標です。当社グループは，調整後フリー・キャッシュ・フローが，当社グループの実質的な資金創出能力を示し，債務返済能力や事業への追加投資能力の評価を行うために有用な指標であると考えています。

財務活動によるキャッシュ・フローには，割賦債権の流動化による資金調達額および返済額が含まれています。当社グループでは，割賦債権は営業活動の中で発生するものであることから，当該債権の流動化によるキャッシュ・フローを，営業活動によるキャッシュ・フローに加減算したものが，当社グループの経常的な資金創出能力をより適切に表すと考えています。したがって，割賦債権流動化の資金調達額および返済額をフリー・キャッシュ・フローの調整項目として加減算することにより，調整後フリー・キャッシュ・フローを計算しています。

フリー・キャッシュ・フローと調整後フリー・キャッシュ・フローの調整項目および調整額は以下の通りです。

	2022年3月31日に 終了した1年間	2023年3月31日に 終了した1年間
営業活動によるキャッシュ・フロー	12,159	11,558
投資活動によるキャッシュ・フロー（設備支出）(注1)	△7,071	△6,075
投資活動によるキャッシュ・フロー（設備支出以外）(注2)	△2,506	4,528
フリー・キャッシュ・フロー	2,582	10,010
割賦債権流動化取引：調達額(注3)	4,663	3,781
割賦債権流動化取引：返済額(注3)	△3,725	△3,585
割賦債権の流動化による影響	938	196
調整後フリー・キャッシュ・フロー	3,520	10,206

(注1) 投資活動によるキャッシュ・フロー（設備支出）に関連するキャッシュ・フローは，連結キャッシュ・フロー計算書に含まれる投資活動によるキャッシュ・フローの「有形固定資産及び無形資産の取得による支出」および「有形固定資産及び無形資産の売却による収入」の純額です。

(注2) 投資活動によるキャッシュ・フロー（設備支出以外）に関連するキャッシュ・フローは，連結キャッシュ・フロー計算書に含まれる投資活動によるキャッシュ・フローの「投資の取得による支出」，「投資の売却または償還による収入」，「銀行事業の有価証券の取得による支出」，「銀行事業の有価証券の売却または償還による収入」，「子会社の支配獲得による収支（△は支出）」および「その他」の純額です。

(注3) 割賦債権流動化取引：調達額および割賦債権流動化取引：返済額に関連するキャッシュ・フローは，主として連結キャッシュ・フロー計算書に含まれる財務活動によるキャッシュ・フローの「短期有利子負債の純増減額（△は減少額）」，「有利子負債の収入」および「有利子負債の支出」に含まれています。なお，割賦債権流動化取引のうち，短期間で調達および返済を行う取引については純額表示しています。

(5)　重要な判断を要する会計方針及び見積り･･････････････････････

　　IFRSに準拠した連結財務諸表の作成において，経営者は，当社グループにとって最適な会計方針を採用し，一定の前提条件に基づく見積りを行う必要があります。連結財政状態計算書上の資産および負債，連結損益計算書上の収益および費用，または開示対象となる偶発負債および偶発資産などに重要な影響を与える可能性がある項目に関して，経営者は，過去の経験や決算日時点の状況として妥当と考えられる様々な要素に基づき見積りを行っています。

　　以下の各項目は，その認識および測定にあたり，経営者の重要な判断および会計上の見積りを必要とするものです。

a.　企業結合により取得した無形資産およびのれんの公正価値測定ならびに減損に係る見積り･･････････････････････････････････････

　　企業結合により取得した無形資産およびのれんは，支配獲得日における公正価値で認識しています。企業結合時の取得対価の配分に際しては，経営者の判断お

よび見積りが，連結財務諸表に重要な影響を与える可能性があります。企業結合により識別した無形資産（顧客基盤や商標権など）およびのれんは，見積将来キャッシュ・フローや割引率，既存顧客の逓減率，対象商標権から生み出される将来売上予想やロイヤリティレート等の仮定に基づいて測定しています。企業結合により取得した無形資産およびのれんの取得価額は，当連結会計年度は6,438億円（前連結会計年度は49億円）です。

　また，無形資産およびのれんの減損を判断する際に，資金生成単位の回収可能価額の見積りが必要となりますが，減損テストで用いる回収可能価額は，資産の耐用年数，資金生成単位により生じることが予想される見積将来キャッシュ・フロー，市場成長率見込，市場占有率見込および割引率等の仮定に基づいて測定しています。

　これらの仮定は，経営者の最善の見積りによって決定されますが，将来の不確実な経済条件の変動により影響を受ける可能性があり，仮定の見直しが必要となった場合には連結財務諸表に重要な影響を与える可能性があります。

　企業結合により取得した無形資産およびのれんの公正価値に関連する内容については，「第5経理の状況　1　連結財務諸表等連結財務諸表注記　3.　重要な会計方針（2）企業結合」および「第5　経理の状況　1　連結財務諸表等連結財務諸表注記　6.　企業結合」をご参照ください。無形資産およびのれんの減損に関連する内容については，「第5経理の状況1連結財務諸表等連結財務諸表注記3.重要な会計方針（11）有形固定資産，使用権資産，無形資産およびのれんの減損」および「第5経理の状況1連結財務諸表等連結財務諸表注記14.　のれんおよび無形資産」をご参照ください。

b. 有形固定資産および無形資産の残存価額・耐用年数の見積り ·················

　有形固定資産および無形資産は，当社グループの総資産に対する重要な構成要素です。見積りおよび仮定は，資産の帳簿価額および減価償却費または償却費に重要な影響を及ぼす可能性があります。

　資産の減価償却費は，耐用年数の見積りおよび残存価額（有形固定資産の場合）を用いて算出されます。資産の耐用年数および残存価額は，資産を取得または創出した時点で見積りを行い，その後，各連結会計年度末に見直しを行います。資

産の耐用年数および残存価額の変更は，連結財務諸表に対して重要な調整を必要とする可能性があります。経営者は，資産を取得または創出した時点ならびに見直し時に，同種資産に対する経験に基づき，予想される技術上の変化，除却時の見積費用，当該資産の利用可能見込期間，既存顧客の逓減率，当該資産から得られると見込まれる生産高またはこれに類似する単位数および資産の耐用年数に制約を与える契約上の取決めなどの関連する要素を勘案して，当該資産の耐用年数および残存価額を決定しています。有形固定資産の減価償却費は，当連結会計年度は2,955億円（前連結会計年度は2,474億円）であり，無形資産の償却費は，当連結会計年度は2,562億円（前連結会計年度は2,415億円）です。

　有形固定資産および無形資産の帳簿価額・減価償却費または償却費に関連する内容については，「第5経理の状況1連結財務諸表等連結財務諸表注記13. 有形固定資産」および「第5　経理の状況　1　連結財務諸表等連結財務諸表注記14. のれんおよび無形資産」をご参照ください。有形固定資産および無形資産の残存価額・耐用年数の見積りに関連する内容については，「第5　経理の状況　1　連結財務諸表等連結財務諸表注記　3.　重要な会計方針（7）有形固定資産，（9）無形資産」をご参照ください。

c. 金融商品の公正価値の測定方法

　当社グループは，特定の金融商品の公正価値を評価する際に，市場で観察可能ではないインプットを利用する評価技法を用いています。観察可能ではないインプットは，将来の不確実な経済条件の変動の結果によって影響を受ける可能性があり，見直しが必要となった場合，連結財務諸表に重要な影響を与える可能性があります。市場で観察可能ではないインプットを用いた金融資産の公正価値は，当連結会計年度末は3,246億円（前連結会計年度末は5,517億円）です。

　金融商品の公正価値に関連する内容については，「第5　経理の状況　1　連結財務諸表等連結財務諸表注記　29.　金融商品の公正価値（1）公正価値ヒエラルキーのレベル別分類，（2）レベル3に分類した金融商品の公正価値測定」をご参照ください。

d. 契約獲得コストの償却期間の見積り

　当社グループは，契約獲得コストについて，契約獲得コストに直接関連する財

またはサービスが提供されると予想される期間（すなわち，契約獲得コストの償却期間）にわたって，定額法により償却しています。契約獲得コストの償却期間は，契約条件および過去の実績データなどに基づいた解約率や機種変更までの予想期間などの関連する要素を勘案して決定しています。契約獲得コストの償却期間の変更は，連結財務諸表に重要な影響を与える可能性があります。契約獲得コストに係る償却費は，当連結会計年度は2,335億円（前連結会計年度は2,010億円）です。

契約獲得コストに関連する内容については，「第5　経理の状況　1　連結財務諸表等連結財務諸表注記　3.　重要な会計方針（15）収益　b.　契約コスト」および「第5　経理の状況　1　連結財務諸表等連結財務諸表注記　15.　契約コスト」をご参照ください。

■ 設備の状況

1　設備投資等の概要

　当連結会計年度は，主にコンシューマ事業および法人事業に係る通信サービスの拡充並びに品質の向上等を目的に，効率的に設備投資を実施しました。5Gサービスの更なる拡充のためのネットワーク増強に取り組んだこと，またZホールディングスグループの設備投資増加により，当連結会計年度の設備投資の総額は788,609百万円（レンタル端末投資額58,332百万円，IFRS第16号の適用による投資額99,687百万円を含む）となりました。

(注)　設備投資額は建設仮勘定を含む有形固定資産，無形資産の取得，長期前払費用（その他の非流動資産）およびIFRS第16号の適用による投資額です。なお，資産除去債務に係る有形固定資産の増加額，のれんおよび商標利用権の増加額は含まれていません。

2　主要な設備の状況

(1)　提出会社 ··

2023年3月31日現在

事業所名 (所在地)	セグメント トの名称	設備の内容	帳簿価額(百万円)								従業員数 (名)
			機械設備	空中線 設備	建物及び 構築物	工具、器具 及び備品	土地 (面積㎡)	ソフト ウエア	その他	合計	
本社 (東京都 港区)他	コンシューマ・法人・ その他	基地局、ネットワーク 設備他	731,898	321,658	104,572	26,940	18,121 (698,680)	458,019	275,715	1,936,923	19,045 (4,523)

(注) 1　帳簿価額の金額は，有形固定資産および無形固定資産の帳簿価額であり，そのうち建設仮勘定，のれん，商標権およびその他の無形固定資産に含まれる顧客基盤818百万円は含んでいません。

　　　2　従業員数欄の（外書）は，臨時従業員の年間平均雇用人員です。

(2)　国内子会社 ··

　資産が少額であるため記載を省略しています。

(3)　在外子会社 ··

　資産が少額であるため記載を省略しています。

3 設備の新設，除却等の計画

翌連結会計年度における当グループの設備の新設等に係る投資予定金額（総額）は615,500百万円（レンタル端末投資額，IFRS第16号の適用による投資額を含む）です。

重要な設備の新設，除却等の計画は以下の通りです。

（1） 重要な設備の新設等 ·

2023年3月31日現在

会社名	事業所名（所在地）	セグメントの名称	設備の内容	投資予定額（百万円）	資金調達方法	着手年月	完了予定年月	完成後の増加能力
ソフトバンク㈱他	本社（東京都港区）他	コンシューマ・法人	基地局、ネットワーク設備他	330,000	自己資金、ファイナンス・リース及び借入金等	2023年4月	2024年3月	—(注)2
ヤフー㈱	本社（東京都千代田区）他	ヤフー・LINE	ネットワーク関連設備およびデータセンター設備他	88,552	自己資金	2023年4月	2024年3月	インターネット接続環境の増強およびデータセンター設備の増強、サービスおよび業務効率の拡大

（注）1　検収ベースの投資予定額です。

　　　2　完成後の増加能力については，計数的把握が困難であるため，記載を省略しています。

（2） 重要な設備の除却等 ·

重要な設備の除却等の計画はありません。

1 株式等の状況

(1) 株式の総数等 ······························

① 株式の総数

種類	発行可能株式総数（株）
普通株式	8,010,960,300
計	8,010,960,300

（注） 2023年6月20日開催の定時株主総会において定款の一部変更が決議され，同日付で新たな種類の株式
として第1回社債型種類株式ないし第5回社債型種類株式（以下「社債型種類株式」）を追加し，以下
のとおりそれらに係る発行可能種類株式総数を規定しています。なお，普通株式の発行可能種類株式
総数に変更はありません。

種類	発行可能株式総数 （株）
普通株式	8,010,960,300
第1回社債型種類株式	30,000,000
第2回社債型種類株式	30,000,000
第3回社債型種類株式	30,000,000
第4回社債型種類株式	30,000,000
第5回社債型種類株式	30,000,000
計	8,010,960,300

（注） 各種類の株式の「発行可能株式総数」の欄には定款に規定されている各種類の株式の発行可能種類株
式総数を記載し，計の欄には定款に規定されている発行可能株式総数を記載しています。

② 発行済株式

種類	事業年度末現在発行数（株）（2023年3月31日）	提出日現在発行数（株）（2023年6月21日）	上場金融商品取引所名又は登録認可金融商品取引業協会名	内容
普通株式	4,787,145,170	4,788,828,270	東京証券取引所プライム市場	完全議決権株式であり権利内容に何ら限定のない当社における標準となる株式であり、単元株式数は100株です。
計	4,787,145,170	4,788,828,270	—	—

（注）1 発行済株式のうち，684,172,870株は，現物出資（株式426,239,698,010円）によるものです。なお，
その内訳として，507,975,940株は，2018年3月31日付Wireless City Planning（株）株式の現物出資，
176,196,930株は，2018年4月1日付SBプレイヤーズ（株），ソフトバンク・テクノロジー（株）（現
SBテクノロジー（株））およびSBメディアホールディングス（株）等の株式の現物出資に係るもの
です。

2 提出日現在の発行数には，2023年6月1日から本書提出日までの新株予約権の行使により発行され
た株式数は，含まれていません。

■ 経理の状況

1. 連結財務諸表及び財務諸表の作成方法について ························

(1)　当社の連結財務諸表は,「連結財務諸表の用語, 様式及び作成方法に関する規則」(1976年大蔵省令第28号) 第93条の規定により, 国際会計基準 (以下「IFRS」) に準拠して作成しています。

　　本書の連結財務諸表等の金額は, 百万円未満を四捨五入して表示しています。

(2)　当社の財務諸表は,「財務諸表等の用語, 様式及び作成方法に関する規則」(1963年大蔵省令第59号。以下「財務諸表等規則」) および「電気通信事業会計規則」(1985年郵政省令第26号) に基づいて作成しています。

　　本書の財務諸表等の金額は, 百万円未満を四捨五入して表示しています。

(3)　本連結財務諸表において, 会計期間は以下の通り表記しています。

前連結会計年度 ：2022年3月31日,
　　　　　　　　：2022年3月31日に終了した1年間

当連結会計年度 ：2023年3月31日,
　　　　　　　　：2023年3月31日に終了した1年間

2. 監査証明について ···

　当社は, 金融商品取引法第193条の2第1項の規定に基づき, 連結会計年度 (2022年4月1日から2023年3月31日まで) および事業年度 (2022年4月1日から2023年3月31日まで) の連結財務諸表および財務諸表について, 有限責任監査法人トーマツにより監査を受けています。

3. 連結財務諸表等の適正性を確保するための特段の取組みについて ············

　当社は, 連結財務諸表等の適正性を確保するための特段の取組みを行っています。その内容は以下の通りです。

　会計基準の内容を適切に把握し, 同基準の変更等に的確に対応することができる体制を整備するため, 公益財団法人財務会計基準機構へ加入し, 同機構および監査法人等が主催するセミナー等へ参加することにより, 社内における専門知識

の蓄積に努めています。

4. IFRS に基づいて連結財務諸表等を適正に作成することができる体制の整備について ……………………………………………………………………

　当社は、IFRS に基づいて連結財務諸表等を適正に作成するための体制の整備を行っています。その内容は以下の通りです。

　IFRS の適用においては、国際会計基準審議会が公表するプレスリリースや基準書を随時入手し、最新の基準の把握を行っています。また、IFRS に基づいた適正な連結財務諸表等を作成するために、IFRS に準拠したグループ会計方針を作成し、これに基づいて会計処理を行っています。

(1)　連結財務諸表 ···

a.　連結財政状態計算書

（単位：百万円）

	注記	2021年4月1日 （注）	2022年3月31日 （注）	2023年3月31日
（資産の部）				
流動資産				
現金及び現金同等物	8	1,584,892	1,546,792	2,059,167
営業債権及びその他の債権	9,28	2,082,223	2,128,934	2,389,731
その他の金融資産	10,28	144,935	194,031	194,924
棚卸資産	11	119,411	136,247	159,139
その他の流動資産	12	102,384	125,072	145,134
流動資産合計		4,033,845	4,131,076	4,948,095
非流動資産				
有形固定資産	13	1,248,901	1,491,842	1,673,705
使用権資産	18	1,081,559	824,090	763,598
のれん	14	1,419,566	1,424,574	1,994,298
無形資産	14	2,340,777	2,476,580	2,529,116
契約コスト	15	248,194	332,197	334,345
持分法で会計処理されている投資	20	242,558	251,924	218,170
投資有価証券	16,28	321,265	469,109	241,294
銀行事業の有価証券	17	392,260	309,225	288,783
その他の金融資産	10,28	1,129,858	1,236,240	1,528,650
繰延税金資産	22	55,728	49,230	59,608
その他の非流動資産	12	105,697	101,377	102,519
非流動資産合計		8,586,363	8,966,388	9,734,086
資産合計		12,620,208	13,097,464	14,682,181

（単位：百万円）

	注記	2021年4月1日 （注）	2022年3月31日 （注）	2023年3月31日
（負債及び資本の部）				
流動負債				
有利子負債	23, 28, 30	2,000,479	2,036,579	2,064,154
営業債務及びその他の債務	24, 28	1,624,048	1,462,619	2,317,402
契約負債	35	107,633	104,293	116,213
銀行事業の預金	25, 28	1,165,577	1,406,205	1,472,260
その他の金融負債	28	4,924	3,440	6,729
未払法人所得税		195,874	125,050	116,220
引当金	27	17,710	26,304	63,642
その他の流動負債	26	177,391	178,263	216,018
流動負債合計		5,293,636	5,342,753	6,372,638
非流動負債				
有利子負債	23, 28, 30	3,692,113	3,962,946	4,070,347
その他の金融負債	28	33,966	29,790	30,236
引当金	27	106,093	99,541	94,084
繰延税金負債	22	377,047	384,479	341,170
その他の非流動負債	26	46,874	65,224	90,639
非流動負債合計		4,256,093	4,541,980	4,626,476
負債合計		9,549,729	9,884,733	10,999,114
資本				
親会社の所有者に帰属する持分				
資本金	32	204,309	204,309	204,309
資本剰余金	32	686,119	688,030	685,066
利益剰余金	32	1,030,420	1,131,391	1,392,043
自己株式	32	△134,218	△106,462	△74,131
その他の包括利益累計額	32	35,631	43,353	17,658
親会社の所有者に帰属する持分合計		1,822,261	1,960,621	2,224,945
非支配持分	19	1,248,218	1,252,110	1,458,122
資本合計		3,070,479	3,212,731	3,683,067
負債及び資本合計		12,620,208	13,097,464	14,682,181

(注)　「注記4.　会計方針の変更（2）共通支配下の取引に関する会計方針の変更および過年度連結財務諸表の遡及適用に伴う影響」に記載の通り，非支配株主が存在する中で行われた共通支配下の取引について，取得法に基づいて会計処理する方法に変更しています。当該会計方針の変更に伴い，連結財務諸表の遡及修正を行っています。

b. 連結損益計算書および連結包括利益計算書

連結損益計算書

（単位：百万円）

	注記	2022年3月31日に終了した1年間（注2）	2023年3月31日に終了した1年間
売上高	7, 35	5,690,606	5,911,999
売上原価	36	△2,889,116	△3,194,085
売上総利益		2,801,490	2,717,914
販売費及び一般管理費	36	△1,858,709	△1,964,580
その他の営業収益	37	25,220	321,422
その他の営業費用	37	△2,448	△14,588
営業利益		965,553	1,060,168
持分法による投資損益	20	△60,094	△47,875
金融収益	38	39,471	11,905
金融費用	38	△66,442	△117,212
持分法による投資の売却損益		8,925	1,109
持分法による投資の減損損失		△29,402	△45,227
税引前利益		858,011	862,868
法人所得税	22	△282,578	△208,743
純利益(注1)		575,433	654,125
純利益の帰属			
親会社の所有者		517,075	531,366
非支配持分	19	58,358	122,759
		575,433	654,125
親会社の所有者に帰属する1株当たり純利益			
基本的1株当たり純利益(円)	40	110.04	112.53
希薄化後1株当たり純利益(円)	40	108.18	111.00

(注1) 2022年3月31日に終了した1年間および2023年3月31日に終了した1年間のソフトバンク（株）およびその子会社の純利益は、いずれも継続事業によるものです。

(注2) 「注記4. 会計方針の変更 (2) 共通支配下の取引に関する会計方針の変更および過年度連結財務諸表の遡及適用に伴う影響」に記載の通り、非支配株主が存在する中で行われた共通支配下の取引について、取得法に基づいて会計処理する方法に変更しています。当該会計方針の変更に伴い、連結財務諸表の遡及修正を行っています。

連結包括利益計算書

(単位：百万円)

	注記	2022年3月31日に 終了した1年間 (注2)	2023年3月31日に 終了した1年間
純利益		575,433	654,125
その他の包括利益(税引後)			
純損益に振り替えられることのない項目			
確定給付制度の再測定	39	△114	3,240
FVTOCIの資本性金融資産の公正価値の変動	28, 39	10,887	170,427
持分法適用会社のその他の包括利益に対する持分	20, 39	△89	146
純損益に振り替えられることのない項目合計		10,684	173,813
純損益に振り替えられる可能性のある項目			
FVTOCIの負債性金融資産の公正価値の変動	28, 39	△1,378	△598
キャッシュ・フロー・ヘッジ	28, 39	1,313	822
在外営業活動体の為替換算差額	39	11,642	14,921
持分法適用会社のその他の包括利益に対する持分	20, 39	5,318	1,139
純損益に振り替えられる可能性のある項目合計		16,895	16,284
その他の包括利益(税引後)合計		27,579	190,097
包括利益合計		603,012	844,222
包括利益合計の帰属			
親会社の所有者		525,762	654,503
非支配持分		77,250	189,719
		603,012	844,222

(注1) その他の包括利益の各内訳項目に関連する法人所得税は，「注記39. その他の包括利益」をご参照ください。

(注2) 「注記4. 会計方針の変更 (2) 共通支配下の取引に関する会計方針の変更および過年度連結財務諸表の遡及適用に伴う影響」に記載の通り，非支配株主が存在する中で行われた共通支配下の取引について，取得法に基づいて会計処理する方法に変更しています。当該会計方針の変更に伴い，連結財務諸表の遡及修正を行っています。

c. 連結持分変動計算書

2022年3月31日に終了した1年間

	注記	親会社の所有者に帰属する持分						非支配持分	資本合計
		資本金	資本剰余金	利益剰余金	自己株式	その他の包括利益累計額	合計		
2021年4月1日		204,309	363,773	1,066,228	△134,218	35,631	1,535,723	1,201,389	2,737,112
会計方針の変更による累積的影響額（注）	4	–	322,346	△35,808	–	0	286,538	46,829	333,367
2021年4月1日（修正後）		204,309	686,119	1,030,420	△134,218	35,631	1,822,261	1,248,218	3,070,479
包括利益									
純利益		–	–	517,075	–	–	517,075	58,358	575,433
その他の包括利益		–	–	–	–	8,687	8,687	18,892	27,579
包括利益合計		–	–	517,075	–	8,687	525,762	77,250	603,012
所有者との取引額等									
剰余金の配当	33	–	–	△403,708	–	–	△403,708	△64,200	△467,908
自己株式の取得	32	–	–	–	△0	–	△0	–	△0
自己株式の処分	32	–	△12,556	–	27,756	–	15,200	–	15,200
企業結合による変動		–	–	–	–	–	–	1,554	1,554
支配喪失による変動		–	–	–	–	–	–	△3,401	△3,401
支配継続子会社に対する持分変動		–	△702	–	–	–	△702	△6,349	△7,051
株式に基づく報酬取引		–	2,654	–	–	–	2,654	–	2,654
利益剰余金から資本剰余金への振替		–	12,602	△12,602	–	–	–	–	–
その他の包括利益累計額から利益剰余金への振替	32	–	–	965	–	△965	–	–	–
その他		–	△87	△759	–	△0	△846	△962	△1,808
所有者との取引額等合計		–	1,911	△416,104	27,756	△965	△387,402	△73,358	△460,760
2022年3月31日		204,309	688,030	1,131,391	△106,462	43,353	1,960,621	1,252,110	3,212,731

2023年3月31日に終了した1年間

（単位：百万円）

	注記	資本金	資本剰余金	利益剰余金	自己株式	その他の包括利益累計額	合計	非支配持分	資本合計
			親会社の所有者に帰属する持分						
2022年4月1日		204,309	688,030	1,131,391	△106,462	43,353	1,960,621	1,252,110	3,212,731
包括利益									
純利益		-	-	531,366	-	-	531,366	122,759	654,125
その他の包括利益		-	-	-	-	123,137	123,137	66,960	190,097
包括利益合計		-	-	531,366	-	123,137	654,503	189,719	844,222
所有者との取引額等									
剰余金の配当	33	-	-	△405,658	-	-	△405,658	△47,200	△452,858
自己株式の取得	32	-	-	-	△0	-	△0	-	△0
自己株式の処分	32	-	△13,909	-	32,331	-	18,422	-	18,422
企業結合による変動		-	△3,730	-	-	-	△3,730	36,672	32,942
支配喪失による変動		-	-	-	-	-	-	609	609
支配継続子会社に対する持分変動		-	△709	-	-	-	△709	26,275	25,566
株式に基づく報酬取引		-	1,438	-	-	-	1,438	-	1,438
利益剰余金から資本剰余金への振替		-	13,966	△13,966	-	-	-	-	-
その他の包括利益累計額から利益剰余金への振替	32	-	-	148,832	-	△148,832	-	-	-
その他		-	△20	78	-	-	58	△63	△5
所有者との取引額等合計		-	△2,964	△270,714	32,331	△148,832	△390,179	16,293	△373,886
2023年3月31日		204,309	685,066	1,392,043	△74,131	17,658	2,224,945	1,458,122	3,683,067

(注)　「注記4.　会計方針の変更（2）共通支配下の取引に関する会計方針の変更および過年度連結財務諸表の遡及適用に伴う影響」に記載の通り，非支配株主が存在する中で行われた共通支配下の取引について，取得法に基づいて会計処理する方法に変更しています。当該会計方針の変更に伴い，当該会計処理を遡及適用した累積的影響を期首残高の修正として認識しています。

d. 連結キャッシュ・フロー計算書

（単位：百万円）

	注記	2022年3月31日に 終了した1年間 （注2）	2023年3月31日に 終了した1年間
営業活動によるキャッシュ・フロー			
純利益		575,433	654,125
減価償却費及び償却費		745,310	764,210
固定資産除却損		19,179	30,927
企業結合に伴う再測定による利益	6,37	－	△310,084
子会社の支配喪失に伴う利益	37	△22,889	△8,655
金融収益		△39,471	△11,905
金融費用		66,442	117,212
持分法による投資損失		60,094	47,875
持分法による投資の売却損益（△は益）		△8,925	△1,109
持分法による投資の減損損失		29,402	45,227
法人所得税		282,578	208,743
営業債権及びその他の債権の増減額 （△は増加額）		△169,276	△125,607
棚卸資産の増減額（△は増加額）		△16,537	△21,331
法人向けレンタル用携帯端末の 取得による支出		△38,637	△49,799
営業債務及びその他の債務の増減額 （△は減少額）		71,533	269,806
未払消費税等の増減額（△は減少額）		△21,336	11,079
銀行事業の預金の増減額（△は減少額）		240,628	66,055
銀行事業の貸付金の増減額（△は増加額）		△86,768	△229,913
その他		△57,065	18,665
小計		1,629,695	1,475,521
利息及び配当金の受取額		7,105	7,253
利息の支払額		△63,394	△61,362
法人所得税の支払額		△385,434	△287,741
法人所得税の還付額		27,946	22,079
営業活動によるキャッシュ・フロー		1,215,918	1,155,750
投資活動によるキャッシュ・フロー			
有形固定資産及び無形資産の取得による支出		△709,092	△609,222
有形固定資産及び無形資産の売却による収入		2,041	1,676
投資の取得による支出		△328,690	△64,894
投資の売却または償還による収入		39,302	17,090
銀行事業の有価証券の取得による支出		△177,032	△166,222
銀行事業の有価証券の売却または償還による収入		233,744	209,247
子会社の支配獲得による収支（△は支出）	6	△1,298	382,455
その他		△16,668	75,097
投資活動によるキャッシュ・フロー		△957,693	△154,773

	注記	2022年3月31日に終了した1年間（注2）	2023年3月31日に終了した1年間
財務活動によるキャッシュ・フロー			
短期有利子負債の純増減額（△は減少額）	23	△16,914	54,550
有利子負債の収入	23	2,075,450	2,087,121
有利子負債の支出	23	△1,905,637	△2,223,935
非支配持分からの払込による収入		7,122	30,907
配当金の支払額		△403,609	△405,559
非支配持分への配当金の支払額		△64,198	△47,212
その他		2,714	8,868
財務活動によるキャッシュ・フロー		△305,072	△495,260
現金及び現金同等物に係る換算差額		8,747	6,658
現金及び現金同等物の増減額（△は減少額）		△38,100	512,375
現金及び現金同等物の期首残高		1,584,892	1,546,792
現金及び現金同等物の期末残高	8	1,546,792	2,059,167

(注1) 連結キャッシュ・フロー計算書は「注記41. 連結キャッシュ・フロー計算書の補足情報」と併せてご参照ください。

(注2) 「注記4. 会計方針の変更 (2) 共通支配下の取引に関する会計方針の変更および過年度連結財務諸表の遡及適用に伴う影響」に記載の通り，非支配株主が存在する中で行われた共通支配下の取引について，取得法に基づいて会計処理する方法に変更しています。当該会計方針の変更に伴い，連結財務諸表の遡及修正を行っています。

【連結財務諸表注記】

1. 報告企業 ……………………………………………………………………

　ソフトバンク（株）（以下「当社」）は，日本国に所在する株式会社であり，登記している本社の住所は，東京都港区海岸一丁目7番1号です。本連結財務諸表は当社および子会社（以下「当社グループ」）より構成されています。当社の親会社はソフトバンクグループジャパン（株）です。また，当社の最終的な親会社はソフトバンクグループ（株）です。

　当社グループは，コンシューマ事業，法人事業，流通事業，ヤフー・LINE事業および金融事業を基軸として，情報産業においてさまざまな事業に取り組んでいます。詳細は，「注記7. セグメント情報 (1) 報告セグメントの概要」をご参照ください。

2. 連結財務諸表作成の基礎 ·································

（1） IFRSに準拠している旨に関する事項 ·····················

　当社グループの連結財務諸表は，「連結財務諸表の用語，様式及び作成方法に関する規則」（1976年大蔵省令第28号）第1条の2に掲げる「指定国際会計基準特定会社」の要件を満たすことから，同規則第93条の規定により，IFRSに準拠して作成しています。

（2） 測定の基礎 ··

　連結財務諸表は，「注記3. 重要な会計方針」に記載している通り，公正価値で測定している金融商品などを除き，取得原価を基礎として作成しています。

（3） 表示通貨および単位 ···

　連結財務諸表の表示通貨は，当社が営業活動を行う主要な経済環境における通貨（以下「機能通貨」）である日本円であり，百万円未満を四捨五入して表示しています。

（4） 未適用の公表済み基準書および解釈指針 ·················

　連結財務諸表の承認日までに公表されている主な基準書および解釈指針の新設または改訂のうち，当社に重要な影響を及ぼすものはありません。

3. 重要な会計方針 ···

　当社グループが採用する会計方針は，本連結財務諸表に記載されている全ての期間に適用しています。

（1） 連結の基礎 ··

a. 子会社 ···

　子会社とは，当社により支配されている企業をいいます。支配とは，投資先に対するパワー，投資先への関与により生じる変動リターンに対するエクスポージャーまたは権利，および投資先に対するパワーにより当該リターンに影響を及ぼす能力の全てを有している場合をいいます。子会社については，支配獲得日から支配喪失日までの期間を連結しています。ただし，共通支配下の取引での企業結合については，「注記3. 重要な会計方針 (2) 企業結合」をご参照ください。

　子会社が採用する会計方針が当社グループの会計方針と異なる場合には，必要

に応じて当該子会社の財務諸表に調整を行っています。非支配持分は，当初の支配獲得日での持分額および支配獲得日からの非支配持分の変動から構成されています。子会社の包括利益は，たとえ非支配持分が負の残高になる場合であっても，原則として親会社の所有者に帰属する持分と非支配持分に配分します。グループ内の債権債務残高，取引，およびグループ内取引によって発生した未実現損益は，連結財務諸表作成にあたり消去しています。支配を喪失しない子会社に対する持分の変動は，資本取引として会計処理しています。当社グループの持分および非支配持分の帳簿価額は，子会社に対する持分の変動を反映して調整しています。非支配持分を調整した額と支払対価または受取対価の公正価値との差額は資本に直接認識し，親会社の所有者に帰属させます。当社が子会社の支配を喪失する場合，関連する損益は以下の差額として算定しています。

- ・受取対価の公正価値および残存持分の公正価値の合計
- ・子会社の資産（のれんを含む），負債および非支配持分の支配喪失日の帳簿価額（純額）子会社について，それまで認識していたその他の包括利益累計額は，純損益に振り替えています。

b. 関連会社および共同支配企業

関連会社とは，当社がその企業の財務および経営方針に対して重要な影響力を有しているものの，支配または共同支配を有していない企業をいいます。

共同支配企業とは，当社を含む複数の当事者が，事業活動の重要な意思決定に関し全員一致の合意を必要とする契約上の取決めに基づき共同支配を有し，当該取決めの純資産に対する権利を有する投資先をいいます。

関連会社および共同支配企業に対する投資は，持分法を用いて会計処理を行い，当該会社に対する投資額は，取得原価で当初認識しています。その後，重要な影響力を有した日から喪失する日までの純損益およびその他の包括利益の当社グループの持分を認識し，投資額を修正しています。ただし，関連会社に対する優先株式投資のうち，普通株式投資と特徴が実質的に異なるものについては，持分法を適用せず，その他の包括利益を通じて公正価値で測定する資本性金融資産（以下「FVTOCIの資本性金融資産」）または純損益を通じて公正価値で測定する金融資産（以下「FVTPLの金融資産」）に指定し会計処理しています。「FVTOCIの資

本性金融資産」および「FVTPLの金融資産」の当社グループの会計方針は「注記3.
重要な会計方針（4）金融商品」をご参照ください。

　関連会社または共同支配企業の損失が，当社グループの当該会社に対する投資
持分を超過する場合は，実質的に当該会社に対する正味投資の一部を構成する長
期投資をゼロまで減額し，当社グループが当該会社に対して法的債務または推定
的債務を負担する，または代理で支払いを行う場合を除き，それ以上の損失につ
いては認識していません。

　関連会社または共同支配企業との取引から発生した未実現損益は，当社グルー
プの持分を上限として投資に加減算しています。

　関連会社または共同支配企業に対する投資額の取得原価が，取得日に認識され
た識別可能な資産および負債の正味の公正価値の当社グループ持分を超える金額
は，のれんとして認識し，当該会社に対する投資の帳簿価額に含めています。

　当該のれんは区分して認識されないため，のれん個別での減損テストは実施し
ていません。これに代わり，関連会社または共同支配企業に対する投資の総額を
単一の資産として，投資が減損している可能性を示唆する客観的な証拠が存在す
る場合に，減損テストを実施しています。

（2）　企業結合

　企業結合は支配獲得日に，取得法によって会計処理しています。企業結合時に
引き渡した対価は，当社グループが移転した資産，当社グループが引き受けた被
取得企業の旧

　所有者の負債，および支配獲得日における当社グループが発行した資本性金融
商品の公正価値の合計として測定しています。取得関連費用は発生時に純損益で
認識しています。支配獲得日において，取得した識別可能な資産および引き受け
た負債は，以下を除き，支配獲得日における公正価値で認識しています。

- ・繰延税金資産または繰延税金負債，および従業員給付に係る資産または負債
　は，それぞれIAS第12号「法人所得税」およびIAS第19号「従業員給付」に
　従って認識し，測定
- ・被取得企業の株式に基づく報酬契約，または被取得企業の株式に基づく報酬
　契約の当社グループの制度への置換えのために発行された負債または資本性

金融商品は，支配獲得日にIFRS第2号「株式に基づく報酬」に従って測定

・売却目的に分類される資産または処分グループは，IFRS第5号「売却目的で
　保有する非流動資産及び非継続事業」に従って測定

のれんは，移転した対価と被取得企業の非支配持分の金額の合計が，支配獲得日における識別可能な資産および負債の正味価額を上回る場合にその超過額として測定しています。この差額が負の金額である場合には，直ちに純損益で認識しています。

当社グループは，非支配持分を公正価値，または当社グループで認識した識別可能純資産に対する非支配持分の比例割合で測定するかについて，個々の企業結合取引ごとに選択しています。段階的に達成する企業結合の場合，当社グループが以前に保有していた被取得企業の持分は支配獲得日の公正価値で再測定し，当社グループがその持分を処分した場合と同じ方法で会計処理しています。支配獲得日前に計上していた被取得企業の持分の価値の変動に係るその他の包括利益の金額は，当社グループがその持分を処分した場合と同じ方法で会計処理しています。

企業結合の当初の会計処理が期末日までに完了しない場合，当社グループは，完了していない項目については暫定的な金額で報告しています。その後，新たに入手した支配獲得日時点に存在していた事実と状況について，支配獲得日時点に把握していたとしたら企業結合処理の認識金額に影響を与えていたと判断される場合，測定期間の修正として，支配獲得日に認識した暫定的な金額を遡及的に修正します。測定期間は支配獲得日から最長で1年間としています。IFRS移行日前の企業結合により生じたのれんは，従前の会計基準（日本基準）で認識していた金額をIFRS移行日時点で引き継ぎ，これに減損テストを実施した後の帳簿価額で計上しています。

また，非支配株主が存在する中で行われた共通支配下の取引（すべての結合企業または結合事業が最終的に企業結合の前後で同じ親会社によって支配され，その支配が一時的でない企業結合）について，当連結会計年度より取得法に基づいて会計処理する方法に変更しています。会計方針の変更に関する内容については，「注記4．会計方針の変更（2）共通支配下の取引に関する会計方針の変更および

過年度連結財務諸表の遡及適用に伴う影響」をご参照ください。

(3) 外貨換算

外貨建取引グループ各社の財務諸表は，その企業の機能通貨で作成しています。機能通貨以外の通貨（外貨）での取引は取引日の為替レートを用いて換算しています。外貨建貨幣性項目は，期末日の為替レートで機能通貨に換算しています。公正価値で測定している外貨建非貨幣性項目は，公正価値を測定した日の為替レートで機能通貨に換算しています。換算によって発生した為替換算差額は，純損益で認識しています。ただし，その他の包括利益を通じて公正価値で測定される資本性金融資産から生じる為替換算差額はその他の包括利益で認識しています。

(4) 金融商品

a. 金融商品

金融資産および金融負債は，当社グループが金融商品の契約上の当事者になった時点で認識しています。金融資産および金融負債は，当初認識時において公正価値で測定しています。純損益を通じて公正価値で測定する金融資産（以下「FVTPLの金融資産」）および純損益を通じて公正価値で測定する金融負債（以下「FVTPLの金融負債」）を除き，金融資産の取得および金融負債の発行に直接起因する取引コストは，当初認識時において，金融資産の公正価値に加算または金融負債の公正価値から減算しています。FVTPLの金融資産およびFVTPLの金融負債の取得に直接起因する取引コストは純損益で認識しています。

b. 非デリバティブ金融資産

非デリバティブ金融資産は，「償却原価で測定する金融資産」，「その他の包括利益を通じて公正価値で測定する負債性金融資産」（以下「FVTOCIの負債性金融資産」），「FVTOCIの資本性金融資産」，「FVTPLの金融資産」に分類しています。この分類は，金融資産の性質と目的に応じて，当初認識時に決定しています。

通常の方法によるすべての金融資産の売買は，約定日に認識および認識の中止を行っています。通常の方法による売買とは，市場における規則または慣行によ

り一般に認められている期間内での資産の引渡しを要求する契約による金融資産の購入または売却をいいます。

(a) 償却原価で測定する金融資産

以下の要件がともに満たされる場合に「償却原価で測定する金融資産」に分類しています。

・契約上のキャッシュ・フローを回収するために金融資産を保有することを目的とする事業モデルの中で保有されている。
・金融資産の契約条件により，元本及び元本残高に対する利息の支払のみであるキャッシュ・フローが所定の日に生じる。

当初認識後，償却原価で測定する金融資産は実効金利法による償却原価から必要な場合には減損損失を控除した金額で測定しています。実効金利法による利息収益は純損益で認識しています。

(b) FVTOCIの負債性金融資産

以下の要件がともに満たされる場合に「FVTOCIの負債性金融資産」に分類しています。

・契約上のキャッシュ・フローの回収と売却の両方によって目的が達成される事業モデルの中で保有されている。
・金融資産の契約条件により，元本及び元本残高に対する利息の支払のみであるキャッシュ・フローが所定の日に生じる。

当初認識後，FVTOCIの負債性金融資産は公正価値で測定し，公正価値の変動から生じる評価損益は，その他の包括利益で認識しています。その他の包括利益として認識した金額は，認識を中止した場合，その累計額を純損益に振り替えています。FVTOCIの負債性金融資産に分類された貨幣性金融資産から生じる為替差損益，FVTOCIの負債性金融資産に係る実効金利法による利息収益は，純損益で認識しています。

(c) FVTOCIの資本性金融資産

資本性金融資産については，当初認識時に公正価値の変動を純損益ではなくその他の包括利益で認識するという取消不能な選択を行っている場合に「FVTOCIの資本性金融資産」に分類しています。当初認識後，FVTOCIの資本性金融資産

は公正価値で測定し，公正価値の変動から生じる評価損益は，その他の包括利益で認識しています。FVTOCIの資本性金融資産の公正価値は，「注記29．金融商品の公正価値（1）公正価値ヒエラルキーのレベル別分類」で記載している方法により測定しています。

　認識を中止した場合，もしくは著しくまたは長期に公正価値が取得原価を下回る場合に，その他の包括利益を通じて認識された利得または損失の累計額を直接利益剰余金へ振り替えています。なお，FVTOCIの資本性金融資産に係る受取配当金は，純損益で認識しています。

(d)　FVTPLの金融資産

　上記の「償却原価で測定する金融資産」，「FVTOCIの負債性金融資産」および「FVTOCIの資本性金融資産」のいずれにも分類しない場合，「FVTPLの金融資産」に分類しています。なお，いずれの金融資産も，会計上のミスマッチを取り除くあるいは大幅に削減させるために純損益を通じて公正価値で測定するものとして指定していません。

　当初認識後，FVTPLの金融資産は公正価値で測定し，公正価値の変動から生じる評価損益，配当収益および利息収益は純損益で認識しています。FVTPLの金融資産の公正価値は，「注記29．金融商品の公正価値（1）公正価値ヒエラルキーのレベル別分類」で記載している方法により測定しています。

(e)　金融資産の減損

　償却原価で測定する金融資産，FVTOCIの負債性金融資産およびIFRS第15号に基づく契約資産に係る予想信用損失について，貸倒引当金を認識しています。当社グループは，期末日に，金融資産に係る信用リスクが当初認識時点から著しく増加しているかどうかを評価しています。金融資産に係る信用リスクが当初認識以降に著しく増大していない場合には，金融資産に係る貸倒引当金を12カ月の予想信用損失と同額で測定しています。一方，金融資産に係る信用リスクが当初認識以降に著しく増大している場合，または信用減損金融資産については，金融資産に係る貸倒引当金を全期間の予想信用損失と同額で測定しています。ただし，営業債権，契約資産および貸出コミットメントについては常に貸倒引当金を全期間の予想信用損失と同額で測定しています。

予想信用損失は，以下のものを反映する方法で見積っています。

・一定範囲の生じ得る結果を評価することにより算定される，偏りのない確率
　加重金額
・貨幣の時間価値
・過去の事象，現在の状況および将来の経済状況の予測についての，報告日に
　おいて過大なコストや労力を掛けずに利用可能な合理的で裏付け可能な情報
　当該測定に係る貸倒引当金の繰入額およびその後の期間において，貸倒引当
　金を減額する事象が発生した場合は，貸倒引当金戻入額を純損益で認識して
　います。

　金融資産の全体または一部分を回収するという合理的な予想を有していない場
合には，当該金額を貸倒引当金と相殺して帳簿価額を直接減額しています。

(f)　金融資産の認識の中止

　当社グループは，金融資産から生じるキャッシュ・フローに対する契約上の権
利が消滅した場合，または金融資産を譲渡し，その金融資産の所有に係るリスク
と経済価値を実質的にすべて移転した場合に，当該金融資産の認識を中止してい
ます。

c.　非デリバティブ金融負債

　非デリバティブ金融負債は，「FVTPLの金融負債」または「償却原価で測定す
る金融負債」に分類し，当初認識時に分類を決定しています。

　非デリバティブ金融負債は，1つ以上の組込デリバティブを含む混合契約全体
についてFVTPLの金融負債に指定した場合に，FVTPLの金融負債に分類します。
当初認識後，FVTPLの金融負債は公正価値で測定し，公正価値の変動から生じ
る評価損益および利息費用は純損益で認識しています。

　償却原価で測定する金融負債は当初認識後，実効金利法による償却原価で測定
しています。金融負債は義務を履行した場合，もしくは債務が免責，取消しまた
は失効となった場合に認識を中止しています。

d.　デリバティブおよびヘッジ会計

(a)　デリバティブ

　当社グループは，為替レートおよび金利によるリスクをヘッジするため，先物

為替予約および金利スワップなどのデリバティブ取引を利用しています。

デリバティブは，デリバティブ取引契約が締結された日の公正価値で当初認識しています。当初認識後は，期末日の公正価値で測定しています。デリバティブの公正価値の変動額は，ヘッジ手段として指定していないまたはヘッジが有効でない場合は，直ちに純損益で認識しています。ヘッジ指定していないデリバティブ金融資産は「FVTPLの金融資産」に，ヘッジ指定していないデリバティブ金融負債は「FVTPLの金融負債」にそれぞれ分類しています。

(b) ヘッジ会計

当社グループは，一部のデリバティブ取引についてヘッジ手段として指定し，キャッシュ・フロー・ヘッジして会計処理しています。

当社グループは，ヘッジ開始時に，ヘッジ会計を適用しようとするヘッジ関係ならびにヘッジを実施するに当たってのリスク管理目的および戦略について，正式に指定および文書化を行っています。また，ヘッジ手段がヘッジ対象期間において関連するヘッジ対象の公正価値やキャッシュ・フローの変動に対して高度に相殺効果を有すると見込まれるかについて，ヘッジ開始時とともに，その後も継続的に評価を実施しています。

具体的には，以下の要件のすべてを満たす場合においてヘッジが有効と判断しています。

（ⅰ）ヘッジ対象とヘッジ手段との間に経済的関係があること

（ⅱ）信用リスクの影響が，当該経済的関係から生じる価値変動に著しく優越するものではないこと

（ⅲ）ヘッジ関係のヘッジ比率が，実際にヘッジしているヘッジ対象の量とヘッジ対象の当該量を実際にヘッジするために使用しているヘッジ手段の量から生じる比率と同じであること

なお，ヘッジ関係がヘッジ比率に関するヘッジ有効性の要件に合致しなくなったとしても，リスク管理目的に変更がない場合は，ヘッジ関係が再び有効となるようヘッジ比率を調整しています。

キャッシュ・フロー・ヘッジとして指定され，かつその要件を満たすデリバティブの公正価値の変動の有効部分はその他の包括利益で認識し，その他の包括利益

累計額に累積しています。その他の包括利益累計額は，ヘッジ対象のキャッシュ・フローが純損益に影響を与えるのと同じ期間に，ヘッジ対象に関連する連結損益計算書の項目で純損益に振り替えています。デリバティブの公正価値の変動のうち非有効部分は直ちに純損益で認識しています。

　ヘッジ対象である予定取引が非金融資産または非金融負債の認識を生じさせるものである場合には，以前にその他の包括利益で認識したその他の包括利益累計額を振り替え，非金融資産または非金融負債の当初認識時の取得原価の測定に含めています。

　ヘッジ手段が消滅，売却，終了または行使された場合など，ヘッジ関係が適格要件を満たさなくなった場合にのみ将来に向かってヘッジ会計を中止しています。

　ヘッジ会計を中止した場合，その他の包括利益累計額は引き続き資本で計上し，予定取引が最終的に純損益に認識された時点において純損益として認識しています。予定取引がもはや発生しないと見込まれる場合には，その他の包括利益累計額は直ちに純損益で認識しています。

(c)　組込デリバティブ

　主契約である非デリバティブ金融資産に組み込まれているデリバティブ（組込デリバティブ）は，主契約から分離せず，混合契約全体を一体のものとして会計処理しています。

　主契約である非デリバティブ金融負債に組み込まれているデリバティブ（組込デリバティブ）は，組込デリバティブの経済的特徴とリスクが主契約の経済的特徴とリスクに密接に関連せず，組込デリバティブを含む金融商品全体がFVTPLの金融負債に分類されない場合には，組込デリバティブを主契約から分離し，独立したデリバティブとして会計処理しています。組込デリバティブを主契約から分離することを要求されているものの，取得時もしくはその後の期末日現在のいずれかにおいて，その組込デリバティブを分離して測定できない場合には，混合契約全体をFVTPLの金融負債に指定し会計処理しています。

e.　金融資産および金融負債の相殺 ···

　金融資産および金融負債は，認識された金額を相殺する法的に強制力のある権利を有し，かつ純額で決済するかまたは資産の実現と負債の決済を同時に行う意

図を有する場合にのみ，連結財政状態計算書上で相殺し，純額で表示しています。

（5）　現金及び現金同等物

現金及び現金同等物は，現金，随時引出し可能な預金，および容易に換金可能でかつ価値の変動について僅少なリスクしか負わない取得日から満期日までの期間が3カ月以内の短期投資で構成されています。

（6）　棚卸資産

棚卸資産は，原価と正味実現可能価額のいずれか低い金額で測定しています。棚卸資産は，主として携帯端末およびアクセサリーから構成され，原価は，購入原価ならびに現在の場所および状態に至るまでに発生したその他の全ての原価を含めています。原価は，主として移動平均法を用いて算定しています。

正味実現可能価額は，通常の事業の過程における見積販売価格から，販促活動や販売および配送に係る見積費用を控除して算定しています。

（7）　有形固定資産

有形固定資産の測定には原価モデルを採用し，取得原価から減価償却累計額および減損損失累計額を控除した金額で測定しています。取得原価には，当該資産の取得に直接付随する費用，解体・除去および設置場所の原状回復費用の当初見積額を含めています。

減価償却費は，償却可能価額を各構成要素の見積耐用年数にわたって，主として定額法により算定しています。償却可能価額は，資産の取得価額から残存価額を差し引いて算出しています。土地および建設仮勘定は減価償却を行っていません。

主要な有形固定資産項目ごとの見積耐用年数は，以下の通りです。

建物及び構築物

建物	20〜50年
構築物	10〜50年
建物附属設備	3〜22年

通信設備

  無線設備，交換設備および
その他のネットワーク設備　　　5〜15年

  通信用鉄塔　　　　　　　　　10〜42年

  その他　　　　　　　　　　　5〜30年

器具備品

  リース携帯端末　　　　　　　2〜3年

  その他　　　　　　　　　　　2〜20年

上記のうち，貸手のオペレーティング・リースの対象となっている主な資産は，リース携帯端末です。

資産の減価償却方法，耐用年数および残存価額は各連結会計年度末に見直し，変更がある場合は，会計上の見積りの変更として将来に向かって適用しています。

(8)　のれん

当初認識時におけるのれんの測定は，「注記3．重要な会計方針 (2) 企業結合」をご参照ください。のれんは，取得原価から減損損失累計額を控除した金額で測定しています。

のれんは償却を行わず，配分した事業セグメントに減損の兆候がある場合，および減損の兆候の有無に関わらず各連結会計年度の一定時期に，減損テストを実施しています。減損については「注記3．重要な会計方針 (11) 有形固定資産，使用権資産，無形資産およびのれんの減損」をご参照ください。

なお，関連会社の取得により生じたのれんに関する当社グループの会計方針は，「注記3．重要な会計方針 (1) 連結の基礎」をご参照ください。

(9)　無形資産

無形資産の測定には原価モデルを採用し，取得原価から償却累計額および減損損失累計額を控除した金額で測定しています。

個別に取得した無形資産は，当初認識時に取得原価で測定しています。企業結合により取得した無形資産は，当初認識時にのれんとは区分して認識し，支配獲

得日の公正価値で測定しています。当社グループ内部で発生した研究開発費は，資産計上の要件を満たす開発活動に対する支出（自己創設無形資産）を除き，発生時に費用として認識しています。自己創設無形資産は当初認識時において，資産計上の要件をすべて満たした日から，開発完了までに発生した支出の合計額で測定しています。

耐用年数を確定できない無形資産を除き，無形資産は各資産の見積耐用年数にわたって，定額法により償却を行っています。耐用年数を確定できる主要な無形資産項目ごとの見積耐用年数は，以下の通りです。

ソフトウエア	5〜10年
顧客基盤	8〜25年
周波数関連費用	18年
その他	2〜20年

周波数関連費用は，当社が割り当てを受けた周波数において，電波法に基づき当社が負担する金額であり，終了促進措置により既存の周波数利用者が他の周波数帯へ移行する際に発生する費用等が含まれます。なお，耐用年数は過去の周波数利用実績に基づいて見積もっています。

資産の償却方法，耐用年数および残存価額は各連結会計年度末に見直し，変更がある場合は，会計上の見積りの変更として将来に向かって適用しています。

耐用年数を確定できない無形資産は，償却は行わず，各連結会計年度の一定時期もしくは減損の兆候を識別したときに，その資産またはその資産が属する資金生成単位で減損テストを実施しています。減損については「注記3．重要な会計方針（11）有形固定資産，使用権資産，無形資産およびのれんの減損」をご参照ください。

当社グループの耐用年数を確定できない無形資産の主なものは「ソフトバンク」ブランドに係る商標利用権，「Yahoo!」および「Yahoo!JAPAN」に関連する日本での商標権，「ZOZO」ブランドに係る商標権および「LINE」ブランドに係る商標権です。商標権の詳細については「注記14．のれんおよび無形資産」をご参照ください。

なお，当社グループは無形資産のリース取引に対して，IFRS第16号を適用し

ていません。

（10） リース

　当社グループでは，契約の開始時に，契約がリースまたはリースを含んだものであるのかどうかを判定しています。また，リース期間は，リースの解約不能期間に，行使することが合理的に確実な延長オプションの対象期間および行使しないことが合理的に確実な解約オプションの対象期間を加えたものとしています。

（借手側）

（a）　契約の構成部分の分離

　リースまたはリースを含む契約について，当社グループは，契約における対価をリース構成部分の独立価格と非リース構成部分の独立価格の総額との比率に基づいてそれぞれに配分することにより，リース構成部分を非リース構成部分から区分して会計処理しています。

（b）　無形資産のリース取引

　当社グループは無形資産のリース取引に対して，IFRS第16号を適用していません。

（c）　使用権資産

　使用権資産をリース開始日に認識しています。使用権資産は取得原価で当初測定を行っており，当該取得原価は，リース負債の当初測定の金額，リース開始日以前に支払ったリース料から受け取ったリース・インセンティブを控除したもの，発生した当初直接コスト，および原資産の解体及び除去費用，原資産または原資産が設置された敷地の原状回復費用の見積りの合計で構成されています。

　使用権資産は当初測定後，原資産の所有権の移転が確実である場合には見積耐用年数で，確実でない場合はリース期間とリース資産の見積耐用年数のいずれか短い期間にわたり，定額法を用いて減価償却しています。使用権資産の見積耐用年数は有形固定資産と同様の方法で決定しています。また，使用権資産は，取得原価から減価償却累計額および減損損失累計額を控除した金額で測定しています。

（d）　リース負債

リース負債はリースの開始日に認識し，リースの開始日以降，リース期間にわたって将来支払われるリース料の現在価値で当初測定しています。現在価値計算においては，リースの計算利子率が容易に算定できる場合，当該利子率を割引率として使用し，そうでない場合は追加借入利子率を使用しています。

　リース負債の測定に含まれているリース料は，主に固定リース料，延長オプションの行使が合理的に確実である場合の延長期間のリース料，およびリース期間が借手によるリース解約オプションの行使を反映している場合のリースの解約に対するペナルティの支払額で構成されています。

　当初測定後，リース負債は実効金利法を用いて償却原価で測定しています。そのうえで，指数またはレートの変更により将来のリース料に変更が生じた場合，残価保証に基づいた支払金額の見積りに変更が生じた場合，または延長オプションや解約オプションの行使可能性の評価に変更が生じた場合，リース負債を再測定しています。

　リース負債が再測定された場合には，リース負債の再測定の金額を使用権資産の修正として認識しています。ただし，リース負債の再測定による負債の減少額が使用権資産の帳簿価額より大きい場合，使用権資産をゼロまで減額したあとの金額は純損益で認識します。

（貸手側）

（a）　契約の構成部分の分離

　リースまたはリースを含む契約について，当社グループは，契約上の対価をIFRS第15号に従いリース構成部分と非リース構成部分に配分しています。

（b）　リースの分類

　当社グループでは，リース契約開始時にリースがファイナンス・リースかオペレーティング・リースかの判定を行っています。

　リース取引は，原資産の所有に伴うリスクと経済価値のほとんどすべてを移転する場合，ファイナンス・リース取引に分類し，そうでない場合はオペレーティング・リース取引に分類しています。リース期間が原資産の経済的耐用年数の大部分を占めている場合やリース料の現在価値が資産の公正価値のほとんどすべてとなる場合などは，資産の所有に伴うリスクと経済価値のほとんどすべてが移転

していると判断しています。

(c)　サブリースの分類

当社グループがサブリース契約の当事者である場合，ヘッドリース（借手側）とサブリース（貸手側）は別個に会計処理します。サブリースをファイナンス・リースかオペレーティング・リースかに分類する際は，リース対象資産ではなく，当社グループがヘッドリースにおいて認識している使用権資産のリスクと経済価値や耐用年数などを検討します。

(d)　認識および測定

ファイナンス・リース取引におけるリース債権は，リースと判定された時点で満期までの正味リース投資未回収額を債権として計上しています。リース料受取額は，金融収益と元本の回収部分に按分します。リース債権は実効金利法による償却原価で測定しており，実効金利法による利息収益は純損益として認識しています。

オペレーティング・リース取引によるリース料については，定額法により収益として認識しています。

(11)　有形固定資産，使用権資産，無形資産およびのれんの減損 ··············

a. 有形固定資産，使用権資産および無形資産の減損 ·························

当社グループでは，各報告期間の末日現在において，有形固定資産，使用権資産および無形資産が減損している可能性を示す兆候の有無を判断しています。

減損の兆候がある場合には，回収可能価額の見積りを実施しています。個々の資産の回収可能価額を見積もることができない場合には，その資産の属する資金生成単位の回収可能価額を見積もっています。資金生成単位は，他の資産または資産グループからおおむね独立したキャッシュ・イン・フローを生み出す最小単位の資産グループとしています。

耐用年数を確定できない無形資産および未だ利用可能でない無形資産は，減損の兆候がある場合，および減損の兆候の有無に関わらず各連結会計年度の一定時期に，減損テストを実施しています。

回収可能価額は，処分コスト控除後の公正価値と使用価値のいずれか高い方で

算定しています。使用価値は，見積将来キャッシュ・フローを貨幣の時間価値およびその資産の固有のリスクを反映した税引前の割引率を用いて現在価値に割り引いて算定しています。

　資産または資金生成単位の回収可能価額が帳簿価額を下回る場合には，その帳簿価額を回収可能価額まで減額し，減損損失は純損益で認識しています。

　のれん以外の資産における過年度に認識した減損損失については，期末日において，減損損失の減少または消滅を示す兆候の有無を判断しています。減損の戻入れの兆候がある場合には，その資産または資金生成単位の回収可能価額の見積りを行っています。回収可能価額が，資産または資金生成単位の帳簿価額を上回る場合には，回収可能価額と過年度に減損損失が認識されていなかった場合の償却または減価償却控除後の帳簿価額とのいずれか低い方を上限として，減損損失の戻入れを実施しています。

b. のれんの減損 ……………………………………………………………………

　のれんは，企業結合のシナジーから便益を享受できると期待される事業セグメントに配分し，その事業セグメントに減損の兆候がある場合，および減損の兆候の有無に関わらず各連結会計年度の一定時期に，減損テストを実施しています。減損テストにおいて事業セグメントに帰属する資産グループの回収可能価額が帳簿価額を下回る場合には，減損損失は事業セグメントに配分されたのれんの帳簿価額から減額し，次に事業セグメントにおけるその他の資産の帳簿価額の比例割合に応じて各資産の帳簿価額から減額しています。

　のれんの減損損失は純損益に認識し，その後の期間に戻入れは行いません。

（12）　引当金 ……………………………………………………………………………

　引当金は，当社グループが過去の事象の結果として，現在の法的債務または推定的債務を負い，債務の決済を要求される可能性が高く，かつその債務の金額について信頼性のある見積りが可能な場合に認識しています。

　引当金は，期末日における債務に関するリスクと不確実性を考慮に入れた見積将来キャッシュ・フローを貨幣の時間価値およびその負債に特有のリスクを反映した税引前の利率を用いて現在価値に割り引いて測定しています。

当社グループは引当金として，主に資産除去債務および契約損失引当金を認識しています。

（13）　自己株式

　自己株式を取得した場合は，直接取得費用（税効果調整後）を含む支払対価を，資本の控除項目として認識しています。自己株式の購入，売却または消却において損益は認識していません。なお，帳簿価額と売却時の対価との差額は資本剰余金として認識しています。

（14）　株式に基づく報酬

　当社グループは，持分決済型の株式に基づく報酬として，ストック・オプション制度，譲渡制限付株式報酬制度，ならびに現金決済型の株式に基づく報酬制度を導入しており，当社グループの役員および従業員に付与しています。

　持分決済型の株式に基づく報酬は，付与日における公正価値で測定しています。ストック・オプションの公正価値は，ブラック・ショールズモデルや二項モデル，モンテカルロ・シミュレーション等を用いて算定しています。

　付与日に決定した公正価値は，最終的に権利が確定すると予想されるストック・オプション数の見積りに基づき，権利確定期間にわたって費用として認識しています。また，条件については定期的に見直し，必要に応じて権利確定数の見積りを修正しています。譲渡制限付株式の公正価値は，付与日の株価を用いて算定しており，付与時に権利が確定することから，付与時点で一括して費用処理しています。

　現金決済型の株式に基づく報酬は，発生した負債の公正価値で測定しています。当該負債の公正価値は，期末日および決済日に再測定し，公正価値の変動を純損益に認識しています。

（15）　収益
a.　収益

　コンシューマ事業

コンシューマ事業における収益は，主に個人顧客向けのモバイルサービスおよび携帯端末の販売，ブロードバンドサービス収入，でんき収入からなります。

（a）　モバイルサービスおよび携帯端末の販売

　当社グループは契約者に対し音声通信，データ通信および関連するオプションサービスからなるモバイルサービスを提供するとともに，顧客に対し携帯端末の販売を行っています。

　モバイルサービスにおける収益は，主に月額基本使用料および通信料収入（以下「モバイルサービス収入」）と手数料収入により構成されます。また，携帯端末の販売における収益（以下「携帯端末売上」）は，契約者および代理店に対する携帯端末の売上およびアクセサリー類の売上から構成されます。

　上記取引の商流としては，当社グループが代理店に対して携帯端末を販売し，代理店を通じて契約者と通信契約の締結を行うもの（以下「間接販売」）と，当社グループが契約者に対して携帯端末を販売し，直接通信契約の締結を行うもの（以下「直接販売」）からなります。

　モバイルサービスにおいては，契約者との契約条件に基づいて，契約の当事者が現在の強制可能な権利および義務を有している期間を契約期間としています。また，契約者に契約を更新するオプションを付与しており，かつ，当該オプションが契約者へ「重要な権利」を提供すると判断した場合には，当該オプションを別個の履行義務として識別しています。なお，当社グループは，履行義務として識別したオプションの独立販売価格を見積ることの実務的代替として，提供すると予想される通信サービスおよびそれに対応する予想対価を参照して，取引価格を当該オプションに関連する通信サービスに配分しています。

　モバイルサービス料は，契約者へ月次で請求され，概ね一か月以内に支払期限が到来します。間接販売の携帯端末代金は，代理店への販売時に代理店へ請求され，その後，概ね一か月以内に支払期限が到来します。また，直接販売の携帯端末代金は，販売時に全額支払う一括払いと，割賦払い期間にわたって月次で請求され，概ね一か月以内に支払期限が到来する割賦払いがあります。当社では，定量的および定性的な分析の結果，これらの取引価格には，支払時期による重大な金融要素は含まれていないと判断しており，当該金融要素について調整していま

せん。なお，当社では，収益を認識した時点と支払いまでの期間が一年以内の場合に重大な金融要素の調整を行わない実務上の便法を使用しています。

当社では，モバイルサービスおよび携帯端末の販売において，契約開始後の一定期間については返品および返金の義務を負っています。返品および返金の義務は，過去の経験に基づいて，商品およびサービスの種類ごとに金額を見積り，取引価格から控除しています。

当社では，携帯端末に関してオプションの追加保証サービスを提供しており，これらのサービスが提供されている契約においては，これらを別個の履行義務とし，契約者にサービスを提供した時点で収益として認識しています。

ⅰ．間接販売

携帯端末売上は，代理店が携帯端末に対する支配を獲得したと考えられる代理店への引き渡し時点で収益として認識しています。間接販売に関わる代理店は契約履行に対する主たる責任を有しており，在庫リスクを負担し，独立して独自の価格設定を行うことができます。したがって，当社グループは代理店が間接販売に対して本人として行動しているものと判断しています。

モバイルサービスにおける履行義務は，契約期間にわたって毎月一定の通信量を顧客に提供することであるため，モバイルサービス収入は，契約期間にわたる時の経過に応じて，収益として認識しています。また，通信料金からの割引については，毎月のモバイルサービス収入から控除しています。なお，代理店に対して支払われる手数料のうち，携帯端末の販売に関する手数料は収益から控除しています。

ⅱ．直接販売

直接販売の場合，携帯端末売上，モバイルサービス収入および手数料収入は一体の取引であると考えられるため，取引価格の合計額を携帯端末およびモバイルサービスの独立販売価格の比率に基づき，携帯端末売上およびモバイルサービス収入に配分します。なお，モバイルサービス収入に関する通信料金の割引は，取引価格の合計額から控除しています。また，上記の価格配分の結果，携帯端末販売時点において認識された収益の金額が契約者から受け取る対価の金額よりも大きい場合には，差額を契約資産として認識し，モバイルサービス

の提供により請求権が確定した時点で営業債権へと振り替えています。また，携帯端末販売時点において認識された収益の金額が契約者から受け取る対価の金額よりも小さい場合には，差額を契約負債として認識し，モバイルサービスの提供に応じて取り崩し，収益として認識しています。

携帯端末売上およびモバイルサービス収入の独立販売価格は，契約開始時において携帯端末およびモバイルサービスを独立して顧客に販売する場合に観察可能な価格を利用しています。

携帯端末売上に配分された金額は，契約者が携帯端末に対する支配を獲得したと考えられる契約者への引き渡し時点で収益として認識しています。モバイルサービスにおける履行義務は，契約期間にわたって毎月一定の通信量を顧客に提供することであるため，モバイルサービス収入に配分された金額は，契約期間にわたる時の経過に応じて，収益として認識しています。

なお，契約資産は，連結財政状態計算書上，「その他の流動資産」に含めて表示しています。

(b) ブロードバンドサービス

ブロードバンドサービスにおける収益は，主にインターネット接続に関する月額基本使用料および通信料収入（以下「ブロードバンドサービス収入」）と手数料収入により構成されます。

ブロードバンドサービス収入は，契約者にサービスを提供した時点で，固定の月額料金および従量料金に基づき収益を認識しています。契約事務手数料収入は受領時に契約負債として認識し，ブロードバンドサービスの提供に応じて取り崩し，収益として認識しています。

(c) でんき

でんきにおける収益は，「おうちでんき」を始めとする電力の売買・供給および売買の仲介サービスからなります。電力の供給（小売りサービス）は，契約者にサービスを提供した時点で，固定の月額料金および従量料金に基づき収益を認識しています。

法人事業

法人事業における収益は，主に法人顧客向けのモバイルサービス，携帯端末レ

ンタルサービス，固定通信サービスおよびソリューション等の収入からなります。

(a) モバイルサービスおよび携帯端末レンタルサービス

モバイルサービスからの収益は，主にモバイルサービス収入と手数料収入により構成されます。携帯端末レンタルサービスは，当社グループのモバイルサービスを受けることを条件に提供されるものであり，これらの取引から発生する対価を，携帯端末リースと通信サービスの公正価値を基に，リースとそれ以外に配分しています。公正価値は，端末を個別に販売した場合の価格および通信サービスを個別に提供した場合の価格としています。リース以外に配分された対価は，契約者にサービスを提供した時点で，固定の月額料金および従量料金に基づき収益を認識しています。

(b) 固定通信サービス

固定通信サービスにおける収益は，主に音声伝送サービスおよびデータ伝送サービスからなります。固定通信サービス収入は，契約者にサービスを提供した時点で，固定の月額料金および従量料金に基づき収益を認識しています。

(c) ソリューション等

ソリューション等における収益は，主に機器販売サービス，エンジニアリングサービス，マネージドサービス，データセンターサービス，クラウドサービスからなります。

ソリューション等は，契約者が支配を獲得したと考えられる契約者への引き渡し時点もしくはサービスを提供した時点で，契約者から受け取る対価に基づき収益を認識しています。

流通事業

流通事業における収益は，主に法人顧客向けのICT，クラウド，IoTソリューション等に対応したハードウエア，ソフトウエア，サービスなどの商材，個人顧客向けのモバイルアクセサリー，PCソフトウエア，IoTプロダクト等の商材の販売からなります。

流通事業の収益は，顧客が物品等に対する支配を獲得したと考えられる顧客への引き渡し時点で収益として認識しています。

なお，当社グループが第三者のために代理人として取引を行っている場合には，

顧客から受け取る対価の総額から第三者に対する支払額を差し引いた純額で収益を表示しています。

ヤフー・LINE事業

ヤフー・LINE事業における収益は，主にメディア事業とコマース事業の収入からなります。

（a）　メディア事業

メディア事業は，主に広告商品の企画・販売・掲載をするための各サービスの企画・運営，情報掲載サービスの提供およびその他法人向けのサービスを提供しています。主な収益は，ヤフー広告サービス，LINE広告サービスの収入により構成されます。

ⅰ．ヤフー広告サービス

主に広告主向けにヤフー広告サービスを提供しており，検索広告，ディスプレイ広告等から構成されます。

検索広告は，ウェブサイト閲覧者が検索広告をクリックした時点で，顧客が設定したクリック料金に基づき収益を認識しています。

ディスプレイ広告は，ディスプレイ広告（予約型）およびディスプレイ広告（運用型）からなります。

ディスプレイ広告（予約型）は，ウェブサイト上に広告が掲載される期間にわたって収益を認識しています。

ディスプレイ広告（運用型）は，ウェブサイト閲覧者がコンテンツページ上の広告をクリックした時点で，顧客が設定したクリック料金に基づき収益を認識しています。

ⅱ．LINE広告サービス

主に広告主向けにLINE広告サービスを提供しており，ディスプレイ広告，アカウント広告等から構成されます。

ディスプレイ広告は，契約条件で規定されたインプレッション，ビュー，クリック等の特定のアクションを充足した時点で収益を認識しています。

アカウント広告は，主にLINE公式アカウント，LINEスポンサードスタンプから構成されます。

LINE公式アカウントは，契約期間にわたりLINE公式アカウント登録利用の収益を認識しています。

LINEスポンサードスタンプは，契約期間にわたり収益を認識しています。

(b) コマース事業

コマース事業は，主に中小企業や個人向けにインターネットを介して商品の販売やサービスの企画・提供をしています。主な収益は，アスクルグループの物品販売サービス，「ZOZOTOWN」や「ヤフオク!」等のeコマース関連サービス，「Yahoo!プレミアム」等の会員向けサービスの収入により構成されます。

ⅰ. アスクルグループの物品販売サービス

アスクルグループは，オフィス関連商品等の販売事業を行っており，主な顧客は中小企業等の法人および個人ユーザーになります。物品販売の収益は，顧客が物品の使用を指図し，当該物品から残りの便益のほとんど全てを獲得する能力を有することとなる，顧客が物品に対する支配を獲得した時点で認識しています。

ⅱ.「ZOZOTOWN」

主に「ZOZOTOWN」内にテナント形式で出店する各ブランドの代理人として個人ユーザー向けに商品の受託販売を行っており，顧客が物品に対する支配を獲得した時点で，商品取扱高に各手数料率を乗じた受託販売手数料を収益として認識しています。

ⅲ.「ヤフオク!」

個人ユーザーや法人向けにネットオークションサービスを提供しており，オークション取引が成立した時点で，落札金額に応じた出品者に対する落札システム利用料を収益として認識しています。

ⅳ.「Yahoo!プレミアム」

個人ユーザー向けに様々な会員特典を受けられる「Yahoo!プレミアム」を販売しており，会員資格が有効な期間にわたって収益を認識しています。

金融事業

金融事業における収益は，主にQRコードによる代金決済サービスの提供により生じる加盟店手数料，クレジット関連サービスから生じる加盟店手数料等の収

益からなります。

QRコードによる代金決済サービスの提供により生じる加盟店手数料は，商品等の販売取引の一時点において，顧客である加盟店が代金決済サービスの提供を受けたものと判断し，決済の完了時点で収益として認識しています。

クレジットカード関連サービスのうち，代金決済サービスの提供により生じる加盟店手数料は，履行義務が充足されるカード利用時に収益として認識しています。また，カード会員へのリボルビング払い，分割払いおよびキャッシングサービスの提供により生じる手数料は，IFRS第9号「金融商品」に基づき，その利息の帰属する期間にわたり収益を認識しています。

b. 契約コスト ···

当社グループは，契約者との通信契約を獲得しなければ発生しなかったコストについて，回収が見込まれるものを契約獲得コストに係る資産として認識しています。当社において，資産計上される契約獲得コストは，主に代理店が契約者との間で，当社と契約者との間の通信契約の獲得および更新を行った場合に支払う販売手数料です。

また，当社グループは，契約者との契約を履行する際に発生したコストが，当該契約または具体的に特定できる契約に直接関連し，将来において履行義務の充足に使用される資源を創出または増価し，かつ，回収が見込まれるものを契約履行コストに係る資産として認識しています。当社において，資産計上される契約履行コストは，主に「SoftBank 光」サービス提供前に発生する設定関連費用です。

契約獲得コストは，当該コストに直接関連する財またはサービスが提供されると予想される期間（主に2〜4年）にわたって，定額法により償却しています。契約履行コストは，当該コストに直接関連する財またはサービスが提供されると予想される期間（主として4年）にわたって，定額法により償却しています。

なお，当社グループでは，IFRS第15号における実務上の便法を適用し，契約獲得コストの償却期間が1年以内である場合には，契約獲得コストを発生時に費用として認識しています。

（16）　金融収益および金融費用 ・・・

　金融収益は，主として受取利息，受取配当金，為替差益および純損益を通じて公正価値で測定する金融資産の公正価値の変動等から構成されています。受取利息は，実効金利法により発生時に認識しています。受取配当金は，当社グループの受領権が確定した日に認識しています。

　金融費用は，主として支払利息，為替差損および純損益を通じて公正価値で測定する金融資産の公正価値の変動等から構成されています。支払利息は，実効金利法により発生時に認識しています。

（17）　法人所得税 ・・・

　法人所得税は当期税金および繰延税金から構成され，企業結合から生じる税金，およびその他の包括利益または直接資本に認識する項目から生じる税金を除き，純損益で認識しています。当期税金は税務当局に対する納付または税務当局からの還付が予想される金額で測定し，税額の算定においては，期末日に制定または実質的に制定されている税率および税法を使用しています。

　繰延税金は，連結財務諸表における資産および負債の帳簿価額と課税所得計算に用いられた税務上対応する金額との差額のうち，将来支払または回収可能と見込まれる税金であり，資産負債法によって会計処理しています。繰延税金資産は，将来減算一時差異，繰越欠損金および繰越税額控除について，将来の課税所得により使用できる可能性が高い範囲内で認識しています。また，繰延税金資産は期末日に回収可能性の見直しを実施しています。

　ただし，繰延税金資産は，企業結合以外の取引で，かつ会計上の利益にも課税所得にも影響を及ぼさない取引における資産または負債の当初認識から生じる一時差異には認識していません。

　子会社，関連会社および共同支配企業に対する投資に係る将来減算一時差異については，一時差異が予測可能な将来に解消する可能性が高く，かつ当該一時差異が使用できる課税所得の生じる可能性が高い場合のみ，繰延税金資産を認識しています。

　繰延税金負債は，以下の一時差異を除き，原則として将来加算一時差異につい

て認識しています。

- ・企業結合以外の取引で，かつ会計上の利益にも課税所得にも影響を及ぼさない取引における資産または負債の当初認識から生じる一時差異
- ・のれんの当初認識から生じる将来加算一時差異
- ・子会社，関連会社および共同支配企業に対する投資に係る将来加算一時差異のうち，一時差異の解消時期をコントロールすることができ，予測可能な将来に当該一時差異が解消しない可能性が高い場合

　繰延税金資産および負債は，期末日に制定または実質的に制定されている法律に基づいて，当該資産が実現されるまたは負債が決済される時点において適用されると予測される税率を用いて測定しています。繰延税金資産および負債は，当期税金資産および負債を相殺する法律上強制力のある権利を有し，かつ，法人所得税が同一の税務当局によって同一の納税主体に課されている場合に相殺しています。

　当社グループは，IAS第12号（改訂）の一時的な救済措置に従い，第2の柱モデルルールの法人所得税に係る繰延税金資産および繰延税金負債に関する認識および情報の開示に対する例外規定を適用しています。

（18）　1株当たり利益 ···

　基本的1株当たり純利益は，親会社の所有者に帰属する純利益を，その期間の自己株式を調整した発行済普通株式の加重平均株式数で除して算定しています。

　希薄化後1株当たり純利益は，全ての希薄化効果のある潜在株式が転換されたと仮定して，調整後の親会社の所有者に帰属する純利益および自己株式を調整した発行済普通株式の加重平均株式数を調整することにより算定しています。

2 財務諸表等

(1) 財務諸表 ···

① 貸借対照表

（単位：百万円）

	前事業年度 (2022年3月31日)	当事業年度 (2023年3月31日)
資産の部		
固定資産		
電気通信事業固定資産		
有形固定資産		
機械設備	2,729,857	2,738,704
減価償却累計額	△2,022,441	△2,006,806
機械設備（純額）	※2 707,416	※2 731,898
空中線設備	706,088	726,934
減価償却累計額	△385,911	△405,276
空中線設備（純額）	※2 320,177	※2 321,658
端末設備	272,182	287,920
減価償却累計額	△195,665	△196,838
端末設備（純額）	※2 76,517	※2 91,082
市内線路設備	26,631	25,643
減価償却累計額	△15,465	△15,924
市内線路設備（純額）	※2 11,166	※2 9,719
市外線路設備	90,162	89,412
減価償却累計額	△82,742	△81,861
市外線路設備（純額）	※2 7,420	※2 7,551
土木設備	97,413	97,563
減価償却累計額	△85,833	△87,490
土木設備（純額）	11,580	10,073
海底線設備	26,603	27,073
減価償却累計額	△23,577	△24,210
海底線設備（純額）	3,026	2,863
建物	187,623	203,572
減価償却累計額	△95,249	△105,598
建物（純額）	※2 92,374	※2 97,974
構築物	36,719	36,936
減価償却累計額	△30,033	△30,338
構築物（純額）	※2 6,686	※2 6,598
機械及び装置	2,015	2,051
減価償却累計額	△607	△748
機械及び装置（純額）	※2 1,408	※2 1,303
車両	3,392	3,435
減価償却累計額	△2,958	△3,096
車両（純額）	434	339
工具、器具及び備品	118,506	118,959
減価償却累計額	△86,610	△92,019
工具、器具及び備品（純額）	※2 31,896	※2 26,940
土地	15,983	18,121
建設仮勘定	149,389	135,090
有形固定資産合計	1,435,472	1,461,209

（単位：百万円）

	前事業年度 （2022年3月31日）	当事業年度 （2023年3月31日）
無形固定資産		
海底線使用権	455	386
施設利用権	51	33
ソフトウエア	436,361	458,019
のれん	6,794	-
特許権	13	10
借地権	67	67
周波数関連費用	145,157	138,938
商標権	210,002	175,002
建設仮勘定	63,913	60,218
その他の無形固定資産	4,469	13,350
無形固定資産合計	867,282	846,023
電気通信事業固定資産合計	※3 2,302,754	※3 2,307,232
投資その他の資産		
投資有価証券	29,161	36,807
関係会社株式	1,208,410	1,204,568
その他の関係会社投資	46,559	50,517
出資金	1	1
長期貸付金	151	151
役員及び従業員に対する長期貸付金	21,390	22,851
関係会社長期貸付金	※4 980	※4 12,565
長期前払費用	75,658	76,918
繰延税金資産	95,733	104,638
その他の投資及びその他の資産	40,510	34,653
貸倒引当金	△19,026	△26,867
投資その他の資産合計	1,499,527	1,516,802
固定資産合計	3,802,281	3,824,034
流動資産		
現金及び預金	281,997	237,329
受取手形	85	9
売掛金	767,422	803,622
契約資産	12,503	8,016
未収入金	78,151	82,705
リース投資資産	18,427	17,352
商品	61,159	64,686
貯蔵品	7,405	7,400
前渡金	2,207	882
前払費用	56,764	61,696
短期貸付金	※4 14,845	※4 11,485
預け金	72,087	56,959
その他の流動資産	12,658	24,003
貸倒引当金	△32,020	△19,082
流動資産合計	1,353,690	1,357,092
資産合計	5,155,971	5,181,126

	前事業年度 （2022年3月31日）	当事業年度 （2023年3月31日）
負債の部		
固定負債		
社債	460,000	570,000
長期借入金	※6 1,244,546	※6 1,176,430
リース債務	515,199	459,411
退職給付引当金	9,269	8,461
事業終了損失引当金	488	-
契約損失引当金	23,917	23,113
資産除去債務	52,168	49,451
その他の固定負債	※5 20,731	※5 41,200
固定負債合計	2,326,318	2,328,066
流動負債		
1年以内に期限到来の固定負債	※6 322,165	※6 377,384
コマーシャル・ペーパー	※5 129,400	※5 8,000
買掛金	91,841	107,203
短期借入金	※5,※7 214,856	※5,※7 177,754
リース債務	291,384	263,700
未払金	※5 604,847	※5 653,214
未払費用	※5 13,934	※5 14,047
未払法人税等	62,660	66,585
契約負債	48,755	57,337
預り金	※5 112,539	※5 179,730
前受収益	707	803
賞与引当金	35,243	31,434
事業終了損失引当金	873	541
契約損失引当金	17,034	21,014
訴訟損失引当金	-	※1 19,176
資産除去債務	5,362	21,576
その他の流動負債	12,666	13,905
流動負債合計	1,964,266	2,013,403
負債合計	4,290,584	4,341,469
純資産の部		
株主資本		
資本金	204,309	204,309
資本剰余金		
資本準備金	71,371	71,371
資本剰余金合計	71,371	71,371
利益剰余金		
その他利益剰余金		
繰越利益剰余金	689,022	624,492
利益剰余金合計	689,022	624,492
自己株式	△106,461	△74,131
株主資本合計	858,241	826,041
評価・換算差額等		
その他有価証券評価差額金	174	4,479
繰延ヘッジ損益	△2,311	△1,485
評価・換算差額等合計	△2,137	2,994
新株予約権	9,283	10,622
純資産合計	865,387	839,657
負債純資産合計	5,155,971	5,181,126

② 損益計算書

（単位：百万円）

	前事業年度 （自 2021年4月1日 至 2022年3月31日）	当事業年度 （自 2022年4月1日 至 2023年3月31日）
電気通信事業営業損益		
営業収益	2,524,874	2,413,635
営業費用		
営業費	785,327	687,663
施設保全費	427,374	442,543
管理費	68,928	72,544
試験研究費	9,659	12,004
減価償却費	456,138	466,202
固定資産除却費	20,258	32,401
通信設備使用料	279,866	287,837
租税公課	40,698	40,932
営業費用合計	2,088,248	2,042,126
電気通信事業営業利益	436,626	371,509
附帯事業営業損益		
営業収益	814,902	812,684
営業費用	694,689	690,293
附帯事業営業利益	120,213	122,391
営業利益	556,839	493,900
営業外収益		
受取配当金	※1 37,499	※1 78,279
雑収入	15,549	18,346
営業外収益合計	53,048	96,625
営業外費用		
支払利息	36,757	35,820
債権売却損	25,231	23,822
雑支出	21,139	11,939
営業外費用合計	83,127	71,581
経常利益	526,760	518,944
特別損失		
関係会社株式評価損	27,048	18,570
訴訟損失引当金繰入額	-	※2 19,176
特別損失合計	27,048	37,746
税引前当期純利益	499,712	481,198
法人税、住民税及び事業税	137,683	136,206
法人税等調整額	△2,190	△10,102
法人税等合計	135,493	126,104
当期純利益	364,219	355,094

電気通信事業営業費用明細表

（単位：百万円）

区分	前事業年度 （自 2021年4月1日 至 2022年3月31日）			当事業年度 （自 2022年4月1日 至 2023年3月31日）		
	事業費	管理費	計	事業費	管理費	計
人件費	136,164	26,282	162,446	133,348	27,263	160,611
経費	967,494	42,646	1,010,140	911,003	45,281	956,284
消耗品費	23,849	1,468	25,317	30,281	3,996	34,277
借料・損料	95,298	13,223	108,521	100,636	10,524	111,160
保険料	86	376	462	84	1,359	1,443
光熱水道料	39,611	1,317	40,928	54,953	948	55,901
修繕費	8,619	25	8,644	5,469	27	5,496
旅費交通費	2,368	117	2,485	3,401	220	3,621
通信運搬費	18,176	273	18,449	18,575	196	18,771
広告宣伝費	30,884	－	30,884	28,445	－	28,445
交際費	492	25	517	516	52	568
厚生費	2,948	2,071	5,019	2,266	1,955	4,221
作業委託費	138,565	12,938	151,503	135,700	11,371	147,071
雑費	606,598	10,813	617,411	530,677	14,633	545,310
回線使用料	107,417	－	107,417	95,091	－	95,091
貸倒損失	11,285	－	11,285	2,768	－	2,768
小計	1,222,360	68,928	1,291,288	1,142,210	72,544	1,214,754
減価償却費			456,138			466,202
固定資産除却費			20,258			32,401
通信設備使用料			279,866			287,837
租税公課			40,698			40,932
合計			2,088,248			2,042,126

(注) 1 「事業費」には，「営業費」，「施設保全費」および「試験研究費」が含まれています。

　　 2 「人件費」には，退職給付費用が含まれています。

　　 3 「雑費」には，代理店手数料が含まれています。

　　 4 「貸倒損失」には，貸倒引当金繰入額が含まれています。

③ 株主資本等変動計算書

前事業年度（自 2021年4月1日 至 2022年3月31日）

（単位：百万円）

	株主資本			
	資本金	資本剰余金		
		資本準備金	その他資本剰余金	資本剰余金合計
当期首残高	204,309	71,371	–	71,371
会計方針の変更による累積的影響額				
会計方針の変更を反映した当期首残高	204,309	71,371	–	71,371
当期変動額				
剰余金の配当	–	–	–	–
当期純利益	–	–	–	–
自己株式の取得	–	–	–	–
自己株式の処分	–	–	△12,602	△12,602
利益剰余金から資本剰余金への振替			12,602	12,602
株主資本以外の項目の当期変動額（純額）	–	–	–	–
当期変動額合計	–	–	–	–
当期末残高	204,309	71,371	–	71,371

	株主資本			
	利益剰余金		自己株式	株主資本合計
	その他利益剰余金	利益剰余金合計		
	繰越利益剰余金			
当期首残高	734,072	734,072	△134,218	875,534
会計方針の変更による累積的影響額	7,041	7,041	–	7,041
会計方針の変更を反映した当期首残高	741,113	741,113	△134,218	882,575
当期変動額				
剰余金の配当	△403,708	△403,708	–	△403,708
当期純利益	364,219	364,219	–	364,219
自己株式の取得	–	–	△0	△0
自己株式の処分	–	–	27,757	15,155
利益剰余金から資本剰余金への振替	△12,602	△12,602	–	–
株主資本以外の項目の当期変動額（純額）				
当期変動額合計	△52,091	△52,091	27,757	△24,334
当期末残高	689,022	689,022	△106,461	858,241

	評価・換算差額等			新株予約権	純資産合計
	その他有価証券評価差額金	繰延ヘッジ損益	評価・換算差額等合計		
当期首残高	2,790	△3,640	△850	6,844	881,528
会計方針の変更による累積的影響額				–	7,041
会計方針の変更を反映した当期首残高	2,790	△3,640	△850	6,844	888,569
当期変動額					
剰余金の配当	–	–	–	–	△403,708
当期純利益	–	–	–	–	364,219
自己株式の取得	–	–	–	–	△0
自己株式の処分	–	–	–	–	15,155
利益剰余金から資本剰余金への振替	–	–	–	–	–
株主資本以外の項目の当期変動額（純額）	△2,616	1,329	△1,287	2,439	1,152
当期変動額合計	△2,616	1,329	△1,287	2,439	△23,182
当期末残高	174	△2,311	△2,137	9,283	865,387

当事業年度（自　2022年4月1日　至　2023年3月31日）

（単位：百万円）

	株主資本			
	資本金	資本剰余金		
		資本準備金	その他資本剰余金	資本剰余金合計
当期首残高	204,309	71,371	-	71,371
当期変動額				
剰余金の配当	-	-	-	-
当期純利益	-	-	-	-
自己株式の取得	-	-	-	-
自己株式の処分	-	-	△13,966	△13,966
利益剰余金から資本剰余金への振替	-	-	13,966	13,966
株主資本以外の項目の当期変動額（純額）	-	-	-	-
当期変動額合計	-	-	-	-
当期末残高	204,309	71,371	-	71,371

	株主資本			
	利益剰余金		自己株式	株主資本合計
	その他利益剰余金 繰越利益剰余金	利益剰余金合計		
当期首残高	689,022	689,022	△106,461	858,241
当期変動額				
剰余金の配当	△405,658	△405,658	-	△405,658
当期純利益	355,094	355,094	-	355,094
自己株式の取得	-	-	△0	△0
自己株式の処分	-	-	32,330	18,364
利益剰余金から資本剰余金への振替	△13,966	△13,966	-	-
株主資本以外の項目の当期変動額（純額）	-	-	-	-
当期変動額合計	△64,530	△64,530	32,330	△32,200
当期末残高	624,492	624,492	△74,131	826,041

	評価・換算差額等			新株予約権	純資産合計
	その他有価証券評価差額金	繰延ヘッジ損益	評価・換算差額等合計		
当期首残高	174	△2,311	△2,137	9,283	865,387
当期変動額					
剰余金の配当	-	-	-	-	△405,658
当期純利益	-	-	-	-	355,094
自己株式の取得	-	-	-	-	△0
自己株式の処分	-	-	-	-	18,364
利益剰余金から資本剰余金への振替	-	-	-	-	-
株主資本以外の項目の当期変動額（純額）	4,305	826	5,131	1,339	6,470
当期変動額合計	4,305	826	5,131	1,339	△25,730
当期末残高	4,479	△1,485	2,994	10,622	839,657

【注記事項】

（重要な会計方針）

1　有価証券の評価基準および評価方法 ·······································

（1）　子会社株式および関連会社株式 ···

　移動平均法による原価法

（2）　その他有価証券 ···

a. 市場価格のない株式等以外のもの

　時価法

　　（評価差額は，全部純資産直入法により処理し，売却原価は，移動平均法により算定）

b. 市場価格のない株式等

　移動平均法による原価法

2　デリバティブの評価基準および評価方法 ·······························

　時価法

3　棚卸資産の評価基準および評価方法 ···································

　主として移動平均法による原価法（貸借対照表価額は収益性の低下に基づく簿価切下げの方法により算定）

4　固定資産の減価償却の方法 ···

（1）　有形固定資産（リース資産を含む） ····································

　定額法により償却しています。

　なお，主な耐用年数は次の通りです。

機械設備	5〜15年
空中線設備	10〜42年
端末設備	3〜9年
市外線路設備	13〜30年
土木設備	27年

建物　　　　　　　　　6〜38年

　　工具，器具及び備品　　3〜10年

(2)　無形固定資産（リース資産を含む） ……………………………………

　定額法により償却しています。

　なお，主な耐用年数は次の通りです。

　自社利用のソフトウエア　　5〜10年（利用可能期間）

　周波数関連費用　　　　　　18年

　商標権　　　　　　　　　　10年

(3)　長期前払費用 …………………………………………………………………

　均等償却しています。

5　収益および費用の計上基準 …………………………………………………

(1)　収益の計上基準 ………………………………………………………………

　「収益認識に関する会計基準」（企業会計基準第29号2020年3月31日）および「収益認識に関する会計基準の適用指針」（企業会計基準適用指針第30号2021年3月26日）を適用しており，約束した財またはサービスの支配が顧客に移転した時点で，当該財またはサービスと交換に受け取ると見込まれる金額で収益を認識しています。

コンシューマ事業

　コンシューマ事業における収益は，主に個人顧客向けのモバイルサービスおよび携帯端末の販売，ブロードバンドサービス収入からなります。

a.　モバイルサービスおよび携帯端末の販売

　当社は契約者に対し音声通信，データ通信および関連するオプションサービスからなるモバイルサービスを提供するとともに，顧客に対し携帯端末の販売を行っています。

　モバイルサービスにおける収益は，主に月額基本使用料および通信料収入（以下「モバイルサービス収入」）と手数料収入により構成されます。また，携帯端末の販売における収益（以下「携帯端末売上」）は，契約者および代理店に対する携帯端末の売上およびアクセサリー類の売上から構成されます。

上記取引の商流としては，当社が代理店に対して携帯端末を販売し，代理店を通じて契約者と通信契約の締結を行うもの（以下「間接販売」）と，当社が契約者に対して携帯端末を販売し，直接通信契約の締結を行うもの（以下「直接販売」）からなります。

　モバイルサービスにおいては，契約者との契約条件に基づいて，契約の当事者が現在の強制可能な権利および義務を有している期間を契約期間としています。また，契約者に契約を更新するオプションを付与しており，かつ，当該オプションが契約者へ「重要な権利」を提供すると判断した場合には，当該オプションを別個の履行義務として識別しています。なお，当社は，履行義務として識別したオプションの独立販売価格を見積ることの実務的代替として，提供すると予想される通信サービスおよびそれに対応する予想対価を参照して，取引価格を当該オプションに関連する通信サービスに配分しています。

　モバイルサービス料は，契約者へ月次で請求され，概ね一か月以内に支払期限が到来します。間接販売の携帯端末代金は，代理店への販売時に代理店へ請求され，その後，概ね一か月以内に支払期限が到来します。また，直接販売の携帯端末代金は，販売時に全額支払う一括払いと，割賦払い期間にわたって月次で請求され，概ね一か月以内に支払期限が到来する割賦払いがあります。当社では，定量的および定性的な分析の結果，これらの取引価格には，支払時期による重大な金融要素は含まれていないと判断しており，当該金融要素について調整していません。なお，当社では，収益を認識した時点と支払いまでの期間が一年以内の場合に重大な金融要素の調整を行わない実務上の便法を使用しています。

　当社では，モバイルサービスおよび携帯端末の販売において，契約開始後の一定期間については返品および返金の義務を負っています。返品および返金の義務は，過去の実績に基づいて，商品およびサービスの種類ごとに金額を見積り，取引価格から控除しています。

　当社では，携帯端末に関してオプションの追加保証サービスを提供しており，これらのサービスが提供されている契約においては，これらを別個の履行義務とし，契約者にサービスを提供した時点で収益として認識しています。

i. 間接販売

携帯端末売上は，代理店が携帯端末に対する支配を獲得したと考えられる代理店への引き渡し時点で収益として認識しています。間接販売に関わる代理店は契約履行に対する主たる責任を有しており，在庫リスクを負担し，独立して独自の価格設定を行うことができます。したがって，当社は代理店が間接販売に対して本人として行動しているものと判断しています。

　モバイルサービスにおける履行義務は，契約期間にわたって毎月一定の通信量を顧客に提供することであるため，モバイルサービス収入は，契約期間にわたる時の経過に応じて，収益として認識しています。また，通信料金からの割引については，毎月のモバイルサービス収入から控除しています。なお，代理店に対して支払われる手数料のうち，携帯端末の販売に関する手数料は収益から控除しています。

ii. 直接販売

　直接販売の場合，携帯端末売上，モバイルサービス収入および手数料収入は一体の取引であると考えられるため，取引価格の合計額を携帯端末およびモバイルサービスの独立販売価格の比率に基づき，携帯端末売上およびモバイルサービス収入に配分します。なお，モバイルサービス収入に関する通信料金の割引は，取引価格の合計額から控除しています。また，上記の価格配分の結果，携帯端末販売時点において認識された収益の金額が契約者から受け取る対価の金額よりも大きい場合には，差額を契約資産として認識し，モバイルサービスの提供により請求権が確定した時点で営業債権へと振り替えています。また，携帯端末販売時点において認識された収益の金額が契約者から受け取る対価の金額よりも小さい場合には，差額を契約負債として認識し，モバイルサービスの提供に応じて取り崩し，収益として認識しています。

　携帯端末売上およびモバイルサービス収入の独立販売価格は，契約開始時において携帯端末およびモバイルサービスを独立して顧客に販売する場合に観察可能な価格を利用しています。

　携帯端末売上に配分された金額は，契約者が携帯端末に対する支配を獲得したと考えられる契約者への引き渡し時点で収益として認識しています。モバイルサービスにおける履行義務は，契約期間にわたって毎月一定の通信量を顧客

に提供することであるため，モバイルサービス収入に配分された金額は，契約期間にわたる時の経過に応じて，収益として認識しています。

b． ブロードバンドサービス

ブロードバンドサービスにおける収益は，主にインターネット接続に関する月額基本使用料および通信料収入（以下「ブロードバンドサービス収入」）と手数料収入により構成されます。

ブロードバンドサービス収入は，契約者にサービスを提供した時点で，固定の月額料金および従量料金に基づき収益を認識しています。契約事務手数料収入は受領時に契約負債として認識し，ブロードバンドサービスの提供に応じて取り崩し，収益として認識しています。

法人事業

法人事業における収益は，主に法人顧客向けのモバイルサービス，携帯端末レンタルサービス，固定通信サービスおよびソリューション等の収入からなります。

a． モバイルサービスおよび携帯端末レンタルサービス

モバイルサービスからの収益は，主にモバイルサービス収入と手数料収入により構成されます。携帯端末レンタルサービスは，当社のモバイルサービスを受けることを条件に提供されるものであり，これらの取引から発生する対価を，携帯端末リースと通信サービスの公正価値を基に，リースとそれ以外に配分しています。公正価値は，端末を個別に販売した場合の価格および通信サービスを個別に提供した場合の価格としています。リース以外に配分された対価は，契約者にサービスを提供した時点で，固定の月額料金および従量料金に基づき収益を認識しています。

b． 固定通信サービス

固定通信サービスにおける収益は，主に音声伝送サービスおよびデータ伝送サービスからなります。固定通信サービス収入は，契約者にサービスを提供した時点で，固定の月額料金および従量料金に基づき収益を認識しています。

c． ソリューション等

ソリューション等における収益は，主に機器販売サービス，エンジニアリングサービス，マネージドサービス，データセンターサービス，クラウドサービスか

らなります。

　ソリューション等は，契約者が支配を獲得したと考えられる契約者への引き渡し時点もしくはサービスを提供した時点で，契約者から受け取る対価に基づき収益を認識しています。

(2)　ファイナンス・リース取引に係る収益の計上基準 ･･････････････････････････

　リース契約開始時に売上高と売上原価を計上する方法によっています。

6　外貨建の資産および負債の本邦通貨への換算基準 ･･････････････････････････

　外貨建金銭債権債務は，決算日の直物為替相場により円貨に換算し，換算差額は損益として処理しています。

7　引当金の計上基準 ･･

(1)　貸倒引当金 ･･･

　債権の貸倒れによる損失の発生に備えるため，貸倒実績率によるほか，個別に回収可能性を勘案し，回収不能見込額を計上しています。

(2)　退職給付引当金 ･･･

　従業員の退職給付に備えるため，当事業年度末における退職給付債務の見込額に基づき計上しています。

　なお，退職一時金制度の支給対象期間は2007年3月31日までとなっています。

a.　退職給付見込額の期間帰属方法

　退職給付債務の算定にあたり，退職給付見込額を当事業年度末までの期間に帰属させる方法については，給付算定式基準によっています。

b.　数理計算上の差異および過去勤務費用の費用処理方法

　数理計算上の差異および過去勤務費用は，発生した年度において全額費用処理しています。

(3)　賞与引当金 ･･･

　従業員の賞与の支給に備えるため，賞与支給見込額のうち，当事業年度末に負担すべき金額を計上しています。

（4）　事業終了損失引当金 ･･

　事業の終了に伴う将来の損失に備えるため，翌事業年度以降の当該損失額を見積り，必要と認められる金額を計上しています。

（5）　契約損失引当金 ･･

　顧客との契約の履行に伴い発生する将来の損失に備えるため，翌事業年度以降の当該損失額を見積り，必要と認められる金額を計上しています。

（6）　訴訟損失引当金 ･･

　訴訟に対する将来の損失に備えるため，翌事業年度以降の当該損失額を見積り，必要と認められる金額を計上しています。

8　ヘッジ会計の方法 ･･･

　金利スワップ

（1）　ヘッジ会計の方法 ･･･

　繰延ヘッジ処理によっています。

（2）　ヘッジ手段とヘッジ対象 ･･

　ヘッジ手段：金利スワップ

　ヘッジ対象：借入金の利息

（3）　ヘッジ方針 ･･･

　社内規程に基づき，変動金利契約の借入金について，将来の借入金利息の変動リスクを回避する目的で金利スワップ取引を行っています。

（4）　ヘッジ有効性評価の方法 ･･･

　ヘッジ対象の金利変動によるキャッシュ・フロー変動とヘッジ手段のキャッシュ・フロー変動の間に高い相関関係があることを認識し，有効性の評価としています。

9　のれんの償却方法および償却期間 ･･････････････････････････････････

　のれんの償却については，20年以内のその効果が及ぶ期間にわたり，定額法により償却しています。

（重要な会計上の見積り）

当事業年度の財務諸表に会計上の見積りにより計上した資産および負債のうち，翌事業年度の財務諸表に重要な影響を及ぼすリスクがある項目は，以下の通りです。

関係会社株式の減損に係る見積り

関係会社株式は，取得原価をもって貸借対照表に計上しています。ただし，関係会社株式の時価が著しく下落したときには，回復する見込があると認められる場合を除き，時価をもって貸借対照表価額とし，評価差額は当事業年度の損失として処理しています。また，時価を把握することが極めて困難と認められる関係会社株式については，発行会社の財政状態の悪化により実質価額が著しく低下したときには，相当の減額を行い，評価差額は当事業年度の損失として処理しています。

関係会社株式の減損の見積りに用いる実質価額は，発行会社の直近の財務諸表を基礎に，資産等の時価評価差額や発行会社の超過収益力等を加味して算定した1株当たりの純資産額に所有株式数を乗じた金額で算定しています。実質価額の測定に際しては，経営者の判断および見積りが，財務諸表に重要な影響を与える可能性があります。資産等の時価ならびに発行会社の超過収益力は，発行会社が生み出す見積将来キャッシュ・フローや成長率および割引率等の仮定に基づいて測定しています。

上記の仮定は，経営者の最善の見積りによって決定されますが，将来の不確実な経済条件の変動により影響を受ける可能性があり，仮定の見直しが必要となった場合には翌事業年度の財務諸表に重要な影響を与える可能性があります。

関係会社株式の減損に係る見積りに関連する金額については，財務諸表「注記事項（有価証券関係）」に記載の通りです。

（未適用の会計基準等）

1 法人税，住民税及び事業税等に関する会計基準等

「法人税，住民税及び事業税等に関する会計基準」（企業会計基準第27号 2022年10月28日）

「包括利益の表示に関する会計基準」（企業会計基準第25号2022年10月28日）
「税効果会計に係る会計基準の適用指針」（企業会計基準第28号2022年10月28日）

（1）　概要

　　その他の包括利益に対して課税される場合の法人税等の計上区分およびグループ法人税制が適用される場合の子会社株式等の売却に係る税効果の取扱いを定めるもの。

（2）　適用予定日

　　2024年4月1日以後開始する事業年度の期首より適用予定です。

（3）　当該会計基準等の適用による影響

　　「法人税，住民税及び事業税等に関する会計基準」等の適用による財務諸表に与える影響額については，現時点で評価中です。

2　電子記録移転有価証券表示権利等の発行及び保有の会計処理及び開示に関する取扱い

「電子記録移転有価証券表示権利等の発行及び保有の会計処理及び開示に関する取扱い」（実務対応報告第43号2022年8月26日）

（1）　概要

　　株式会社が「金融商品取引業に関する内閣府令」（平成19年内閣府令第52号。）第1条第4項第17号に規定される「電子記録移転有価証券表示権利等」を発行または保有する場合の会計処理および開示に関する取扱いを定めるもの。

（2）　適用予定日

　　2023年4月1日以後開始する事業年度の期首より適用予定です。

（3）　当該会計基準等の適用による影響

　　「電子記録移転有価証券表示権利等の発行及び保有の会計処理及び開示に関する取扱い」等の適用による財務諸表に与える影響はありません。

第**2**章

情報通信・IT業界の
"今"を知ろう

企業の募集情報は手に入れた。しかし，それだけでは
まだ不十分。企業単位ではなく，業界全体を俯瞰する
視点は，面接などでもよく問われる重要ポイントだ。
この章では直近1年間の運輸業界を象徴する重大
ニュースをまとめるとともに，今後の展望について言
及している。また，章末には運輸業界における有名企
業（一部抜粋）のリストも記載してあるので，今後の就
職活動の参考にしてほしい。

▶▶人をつなぐ，世界をつなぐ
情報通信・IT 業界の動向

　「情報通信・IT」は，情報通信や情報技術に関わる業界である。
時代は「パソコン」から，スマートフォン，タブレット端末といっ
た「モバイル」へとシフトしている。

❖ IT情報サービスの動向

　情報技術 (IT)の適用範囲は，さまざまな企業や職種，そして個人へと加
速度的に広がっている。2022年の国内IT市場規模は，前年比3.3％増の6
兆734億円となった。ITサービス事業者の業務にリモートワークが定着し，
停滞していた商談やプロジェクト，サービス提供が回復したことが要因と見
られる。

　引き続きスマートフォンが市場を牽引しているが，今後，海外市場での
需要の高まりなどを背景に，設備投資を拡大する組立製造，電力自由化に
おいて競争力強化を行う電力／ガス事業，eコマース（EC）がSNSを中心と
した新たなチャネルへ移行している情報サービスなどで，高い成長率が期待
される。

　また，クラウド化やテレワーク対応などのデジタルトランスフォーメー
ション（DX）需要がコロナ禍において急増，コロナ後も需要は継続している。

●グローバルな再編が進むIT企業

　新しいツールを駆使したビジネスにおいて，進化の早い技術に対応し，
標準的なプラットフォームを構築するためにも，グローバル化は避けて通れ
ない道である。2016年，世界第3位のコンピューターメーカーの米Dellが，
ストレージ（外部記憶装置）最大手のEMCを約8兆円で買収した。この巨
大買収によって誕生した新生Dellは，仮想化ソフト，情報セキュリティ，
クラウド管理サービスなど事業領域を大幅に拡大する。国内企業では，シ
ステム構築で業界トップのNTTデータが，2016年3月にDellのITサービ

ス部門を買収した。買収額は約3500億円で，NTTグループでは過去3番目の大型買収である。NTTデータは，2000年代後半から国内市場の成長鈍化を見据えて，欧米を中心にM＆Aを展開してきた。過去12年間で約6000億円を投じ，50社以上を買収したことで，2006年3月期に95億円だった海外売上高は2018年3月期には9080億となっている。同期の全売上高は2兆1171億円で，半分近くを海外での売上が占めている。また，NTTグループは2016年から，産業ロボット大手のファナックとも協業を開始している。ファナックは，製造業のIoT（Internet of Things＝すべてのもののインターネット化）を実現するためのシステム開発を進めており，この運用開始に向けて，ビジネスの拡大をともに目指している。

　ソフトバンクグループもまた，2016年に約3.3兆円で，英半導体設計大手のARMを買収した。日本企業による海外企業買収では，過去最大の規模となる。ARMは，組み込み機器やスマートフォン向けCPUの設計で豊富な実績を持つ企業であり，この買収の狙いも「IoT」にある。あらゆるものをインターネットに接続するためには，携帯電話がスマホになったように，モノ自体をコンピューター化する必要がある。近い将来，IoTが普及すれば，ARM系のCPUがあらゆるものに搭載される可能性につながっていく。

●IoT，ビッグデータ，AI ── デジタル変革の波

　IT企業のグローバル化とともに，近年注目を集めているのが「デジタルトランスフォーメーション（デジタル変革）」である。あらゆる情報がIoTで集積され，ビッグデータやAI（人工知能）を駆使して新たな需要を見出し，それに応える革新的なビジネスモデルが次々と登場している。

　2022年から2023年にかけて話題をさらったのは，米オープンAI社による「チャットGPT」だった。AIによる自然で高度な会話に大きな注目が集まった。米マイクロソフトは2023年1月にオープンAIへの1兆円規模の追加融資を発表。チャットGPTを組み込んだ検索や文章作成などの新サービスを次々と発表した。

　生成AIは従来のAIに比べて性能が飛躍的に向上。前出の文章作成に加え，プログラミングやAIアートなど，その用途は多岐にわたる。今後は生成AIを活用した業務・サービス改善にも注目が集まる。

●サービスのトレンドは，シェアリングエコノミー

　シェアリングエコノミーとは，インターネットを通じて個人や企業が保有

している使っていない資産の貸し出しを仲介するサービスのこと。たとえば，自動車を複数人で利用する（ライドシェア），空き家や駐車場，オフィスを有効活用する（スペースシェア）などがある。

米国のウーバーが提供しているのは「自動車を利用したい人」と「自動車を所有していて空き時間のある人」をマッチングする配車・カーシェアリングサービス。サービスはアプリに集約されており，GPSで利用者の位置情報を把握して，配車する。車の到着時間といった情報もスマートフォンを通して的確に伝えられる。ウーバーには，2017年にソフトバンクが出資しており，2018年10月にはソフトバンクとトヨタ自動車が新しいモビリティサービスの構築に向けた提携で合意，新会社も設立した。国内のライドシェアサービスには，オリックス自動車や三井不動産レアルティなど，駐車場やレンタカー事業を運営していた大手企業も参入している。

スペースシェアとしては，家の有効活用として，民泊サービスで有名なエアービー・アンド・ビーがある。このほかにも，駐車場のシェアサービスが，パーク24といった駐車場大手企業も参加して始まっている。また，フリマアプリの「メルカリ」やヤフーオークションも，不要物の再活用という意味でモノのシェアといえる。モノをシェア/再活用するニーズは，若者を中心に広がっており，小売大手の丸井グループがブランドバッグのシェアサービス「Laxus」と事業提携するなど，今後，成長が期待できる分野といえる。

❖ 通信サービスの動向

携帯通信業界は，自前の回線を有するNTTドコモ，KDDI（au），ソフトバンクの3社（キャリア）を中心に伸びてきた。総務省によれば，日本の携帯電話の契約数は2022年3月の時点で2億302万件となっている。スマホの普及により，高齢者や10代の利用者が増加しており，市場としては，引き続き右肩上がりの成長となっている。しかし，その一方で，たとえばソフトバンク全体の事業において，国内の固定・携帯電話で構成される国内通信事業の売上高は，すでに4割を割っている。NTTグループでも，NTTデータとNTT都市開発の売上高が，全体の2割にまで伸びており，ITサービスカンパニーとして軸足を海外事業に移している。KDDIもまた，住友商事と共にモンゴルやミャンマーで携帯事業に参入してトップシェアを獲得す

るなど，海外進出を拡大させている。国内の通信事業は成熟期を迎えており，今後，契約件数の伸びが期待できないなか，大手3社は新たな収益の実現に向けて，事業領域を拡大する段階に入っている。

●楽天モバイル「0円プラン」廃止で競争激化

総務省は，2016年よりNTTドコモ，KDDI（au），ソフトバンクの携帯大手に対して，高止まりしているサービス料金の引き下げを目的に，スマートフォンの「実質0円販売」の禁止など，さまざまな指導を行ってきた。2019年10月施行の改正電気通信事業法では，通信契約を条件とする2万円以上の端末値引きが禁じられるとともに，途中解約への違約金上限も大幅に下げられた。

なかでも有効な政策となっているのが，格安スマホ業者（MVNO）への支援である。MVNOは，通信インフラを持つ大手3社の回線を借りて，通信や通話サービスを提供する事業者のこと。総務省の後押しなどもあり，MVNOの事業者数は2019年3月の時点で1000社を超えた。また，利用者も着実に増えており，調査会社MM総研によると，格安スマホの契約回線数は，2020年3月末には1500万件を超えた。

モバイル市場全体に占める割合を順調に伸ばしてきたMVNOだが，ここにきてやや苦戦が見られる。大手キャリアが投入する格安プランの好調により，割安感の低下が響いたことが原因に挙げられる。話題となった「0円プラン」が廃止となり，顧客離れの影響を大きく受けた楽天モバイルは，KDDI回線のデータ使用量を無制限にした「Rakuten 最強プラン」を2023年6月に開始したが，巻き返しには至っていない。

●IoTへの対応を見据えた5G

技術面で注目を集めているのが，2020年に商用化された次世代通信規格の5Gである。5Gは，現行の4Gに比べ，大容量，同時多接続，低遅延・高信頼性，省電力・低コストといった特徴がある。IoTの普及に必須のインフラ技術とされており，これまでの通信規格に求められてきたものに加え，将来期待されるさまざまなサービスへの対応も求められている。低遅延化・高信頼性については，たとえば，自動車の自動運転のような安全・確実性が求められるサービスにおいては必須の要件となる。また，同時多接続は，今後，携帯電話だけでなく，IoTで接続される機器の爆発的な増加が予想されることから，4Gの100倍の接続数が求められている。

キャリア各社はすでに，コンテンツサービスの拡充，ロボットの遠隔操作，自動運転などの実証実験を進めている。MVNOに対して，スマートフォン向け回線サービスは提供されたとしても，すべてのサービスが対象となるかは不透明といえる。5Gの普及によって，キャリアの携帯ゆえに享受できるサービスが大きく進化すれば，料金の安さでMVNOを選択している利用者の判断にも影響が出る可能性もある。

❖ eコマース（EC）市場の動向

インターネットを通じて商品やサービスを売買する「eコマース」（EC）は順調に拡大しており，経済産業省の発表では，2021年の消費者向け（BtoC）電子商取引の市場規模は20兆6950億円となった。

市場を牽引してきたのは，楽天とアマゾン，そして，YahooやZOZOを傘下に抱えるZホールディングスである。楽天やZホールディングスは企業や個人の出品者に売り場を提供する「モール型」，アマゾンは自社で商品を仕入れる「直販型」が主流だったが，近年はアマゾンも「モール型」のビジネスを取り入れている。また，会費制の「アマゾン プライム」では，映画や音楽の無料視聴，写真データの保存など，多くのサービスを展開している。2017年4月からは生鮮食品を扱う「アマゾン フレッシュ」を開始，ネットスーパー業界にも進出した。楽天は米ウォルマートと業務提携し，ネットスーパーを開始するほか，朝日火災海上保険（楽天損害保険）や仮想通貨交換業のみんなのビットコインを買収するなど，通販以外の分野にも投資を続けている。Zホールディングスは21年3月には　LINEを経営統合。両者の顧客基盤を掛け合わせた新たなサービスを模索し，国内首位を目指している。

コロナ禍の巣篭もり特需で，3社とも売上を大きく伸ばした。利用習慣の定着化により，中小企業や個人の販売も拡大している。

●フリマアプリの躍進と越境ECの伸長

フリマアプリでは「メルカリ」が国内で強さを誇る。メルカリは，個人間（CtoC）による物品売買を行うスマホアプリとして，2013年7月に国内サービスを開始した。誰でも簡単にスマホで売りたいものを撮影して，マーケットプレイスに出品できる手軽さと，個人情報を知られずに取引を完了できるといったきめ細かいサービスが爆発的人気の背景にある。しかし，新型

コロナウイルスによる巣ごもり特需が終了し，EC市場に逆風が吹いたこともあり，やや伸び悩みが見られる。2022年の6月期決算では売上高は1470億円と前年比38.6％増となったが，営業利益はマイナス37億と赤字決算になってしまった。

　「越境EC」といわれる海外向けのネット通販も，市場を拡大している。中国ではモバイル端末の普及が進み，中国インターネット情報センター（CNNIC）の発表では2020年6月時点でネット利用者は9億人とされている。2019年の中国国内EC売上高は約204兆円に達し，越境ECも10兆円を超えている。2014年に，中国最大のECサイト・アリババが海外業者向けの「天猫国際」を開設した。現在，メーカーから流通，小売まで，多くの日本企業が出店し，大きな成果を上げている。にサービスを開始し，2016年，2017年には中国における越境ECのトップシェアを獲得している。同社は，2017年には日本支社も設立，認知拡大，商品の仕入れ活動を本格化させている。経済産業省によると，2017年度の中国人による越境ECを通じた日本からの購入金額は1兆2978億円だった。日本の事業者にとって，越境ECの利用は，海外に直接出店するリスクがなく，マーケットは広がり，初期投資を抑えながら海外進出を狙えるメリットがある。

情報通信・IT業界

直近の業界各社の関連ニュースを
ななめ読みしておこう。

Google、生成AIで企業需要開拓　Microsoftに対抗

米グーグルが文章や画像を自動で作る生成AI（人工知能）で企業需要の開拓に本腰を入れる。生成AIを組み込んだサービスを開発するための基盤を整え、コストを左右する半導体の自社開発も強化する。企業向けで先行する米マイクロソフトに対抗し、早期の投資回収につなげる。

グーグルのクラウドコンピューティング部門で最高経営責任者（CEO）を務めるトーマス・クリアン氏が日本経済新聞の取材に応じた。同氏は「経済が不安定で一部の企業がIT（情報技術）投資を減速させる一方、AIを使って業務を自動化するプロジェクトが増えてきた」と述べた。

同社はクラウド部門を通じて企業に生成AI関連のサービスを提供する。クリアン氏はサービス開発に使う大規模言語モデルなどの種類を増やし、企業が目的に応じて選べるようにすることが重要だと指摘した。自社開発に加え外部からも調達する方針で、米メタや米新興企業のアンソロピックと連携する。

半導体の調達や開発も強化する。AI向けの画像処理半導体（GPU）を得意とする米エヌビディアとの関係を強め、同社の最新モデル「GH200」を採用する。一方、自社開発も強化し、学習の効率を従来の2倍に高めた「TPU」の提供を始めた。クリアン氏は人材採用などにより開発体制をさらに強化する考えを示した。

グーグルは生成AIを使った米ハンバーガーチェーン大手、ウェンディーズの受注システムの開発を支援したほか、米ゼネラル・モーターズ（GM）と車載情報システムへの対話AIの組み込みで協力している。企業による利用を増やすため、「成果を上げやすいプロジェクトを一緒に選定し、コストなどの効果を測定しやすくする」（クリアン氏）としている。

大手企業に加えて、伸び代が大きい新興企業の取り込みにも力を入れる。クリアン氏は生成AI分野のユニコーン企業の70%、外部から資金提供を受けたAI

新興企業の50％が自社の顧客であると説明した。グーグルのサービスを使うと学習や推論の効率を2倍に高められるといい、「資金の制約が大きい新興勢の支持を受けている」と説明した。

生成AIの企業向けの提供では米オープンAIと資本・業務提携し、同社の技術を利用するマイクロソフトが先行した。同社のサティア・ナデラCEOは4月、「すでにクラウド経由で2500社が利用し、1年前の10倍に増えた」と説明している。グーグルも企業のニーズにきめ細かく応えることで追い上げる。

生成AIの開発と利用に欠かせない高性能のGPUは奪い合いとなっており、価格上昇も著しい。この分野で世界で約8割のシェアを握るエヌビディアの2023年5～7月期決算は売上高が前年同期比2倍、純利益が9倍に拡大した。生成AI開発企業にとっては先行投資の負担が高まる一方で、株式市場では「投資回収の道筋が明確ではない」といった声もある。グーグルやマイクロソフトなどのIT大手にも早期の収益化を求める圧力が強まっており、安定した取引が見込める企業需要の開拓が課題となっている。

各社が生成AIの投資回収の手段として位置付けるクラウド分野では、世界シェア首位の米アマゾン・ドット・コムをマイクロソフトが追い上げている。グーグルは3番手が定着しているが、クリアン氏は「（生成AIで業界構図が）変わる。将来を楽観している」と述べた。長年にわたって世界のAI研究をリードしてきた強みを生かし、存在感を高める考えだ。

（2023年9月3日　日本経済新聞）

Apple、日本拠点40周年　アプリ経済圏460億ドルに

米アップルは8日、アプリ配信サービス「アップストア」経由で提供された日本の商品やサービスの売上高が2022年に計460億ドル（約6兆5500億円）にのぼったと発表した。今年6月に拠点設立から丸40年を迎えた日本で、アップルの存在感は大きい。一方で規制強化の動きなど逆風もある。

ティム・クック最高経営責任者（CEO）は「我々は日本のものづくりの匠（たくみ）の技とデザインが持つ付加価値などについて話し合っている。記念すべき40周年を共に祝えて誇りに思う」とコメントを出した。日本の「アプリ経済圏」の460億ドルのうち、小規模な開発業者の売り上げは20～22年に32％増えたという。

1976年に故スティーブ・ジョブズ氏らが創業したアップル。7年後の83年6

月に日本法人を設けた。それまでは東レなどがパソコン「アップル2」の販売代理店を担い、日本法人の立ち上げ後も一時はキヤノン系が販売を請け負った。2003年には海外初の直営店を東京・銀座に開店し、今は福岡市や京都市などに10店舗を構える。

もともとジョブズ氏は禅宗に通じ、京都を好むなど日本に明るいことで知られた。ソニーを尊敬し、創業者の盛田昭夫氏が死去した1999年のイベントでは盛田氏の写真をスクリーンに映して「新製品を彼に喜んでほしい」と追悼の意を表した。

01年に携帯音楽プレーヤー「iPod」を発売すると、「ウォークマン」やCDの規格で主導していたソニーから音楽業界の主役の座を奪った。日本の家電メーカーにとっては驚異的な存在だったとも言える。

アップルから見ると、日本は製造・販売両面で重要拠点だ。主力スマートフォン「iPhone」で国内の電子部品市場は拡大し、1000社近い巨大なサプライチェーン（供給網）を築いた。「アプリ関連やサプライヤーで100万人を超える日本の雇用を支えている。過去5年間で日本のサプライヤーに1000億ドル以上を支出した」と説明する。

販売面では一人勝ち状態が続く。調査会社MM総研（東京・港）によると、22年のスマホの国内シェアはアップルが約49％と半分に迫り、携帯電話シェアで12年から11年連続で首位に立つ。タブレットのシェアも約50％、スマートウオッチも約60％にのぼる。

「爆発的に普及するとは全く思わなかった」。ジョブズ氏と縁のあった孫正義氏が率いていたソフトバンクが「iPhone3G」を独占販売する際、他の通信大手幹部は「冷ややかな目で見ていた」と振り返る。だが、iPhone人気でソフトバンクは新規顧客を集め、通信業界の勢力図を塗り替えた。11年にはKDDI、13年にNTTドコモが追随し、後に政府から批判される値引き競争や複雑な料金プランにつながっていく。

日本の存在感の大きさはアップルの決算発表にも表れる。資料では毎回、米州、欧州、中華圏、日本、その他アジア太平洋地域という5つの地域別売上高を開示する。単体の国として分けているのは日本だけで、米テクノロジー大手では珍しい。

最近は陰りも見える。足元の日本の売上高は前年同期比11％減で、売上高全体における比率は6％にとどまった。円安や値引き販売の抑制などが理由だが、アップル関係者からは「製造も販売も我々は既にインドを見ている」という声も上がる。

アプリ経済圏の先行きも不透明だ。政府のデジタル市場競争会議は6月、他社が運営する代替アプリストアをアップルが受け入れるよう義務付けるべきだと指摘した。販売減少や規制強化といった逆風を越えられるか──。次の40年に向けた新たな施策が求められる。

（2023年8月8日　日本経済新聞）

初任給、建設・ITで大幅増　若手確保に企業奔走

初任給を大幅に引き上げる企業が相次いでいる。2023年度の初任給伸び率ランキングをみると建設や運輸業界、情報ソフト、通信業界での引き上げが目立つ。新型コロナウイルス禍から経済活動が正常化に進む中、若手確保に動く企業が多いようだ。

日本経済新聞社が実施した23年度の採用計画調査をもとに大卒初任給の前年度比伸び率ランキングを作成。調査は4月4日までに主要企業2308社から回答を得た。

首位は商業施設の設計・施工などを手掛けるラックランドで30.7％増の26万6600円だった。初任給の引き上げは16年ぶりだ。加えて入社4年目まで基本給を底上げするベースアップ（ベア）を毎年3％実施する。施工管理者から営業、設計、メンテナンスまで幅広い人材獲得を目指す。

背景にあるのが年々増す採用の厳しさだ。人事担当者は「22年度は内定辞退が増え採用目標数を割った」と言う。引き上げ後の初任給は全業界平均22万8471円を大きく上回った。6月に解禁した24年卒の採用活動では社長面談の時期を早めるなど学生の獲得策を強化しており、「内定承諾のペースは昨年と比べると速い」という。

石油精製・販売の三愛オブリも大卒初任給を24.9％引き上げ26万円とした。同社は23年度に手当の一部を基本給に組み入れる賃金制度の改定で全社員の基本給が大幅増となった。空港の給油施設運営などを手掛けるなかで空港内作業者の初任給も同水準で引き上げており「採用に弾みをつけたい」とする。

航海士など特殊な技術や知識を要する人材も奪い合いだ。業種別の初任給伸び率ランキングで首位だった海運は業界全体で6.7％増と大幅に伸ばした。なかでもNSユナイテッド海運は大卒初任給で21.1％増の26万3700円。2年連続で初任給を引き上げた。

ゲームなどを含む情報ソフトや金融関連、通信業界なども初任給引き上げが顕

著だ。IT（情報技術）エンジニア確保が目的だ。実際、企業ランキング２位は
スクウェア・エニックス・ホールディングス。全社員の給与も平均10％引き
上げており、「物価高騰に加え新たに優秀な人材の獲得強化を見込む」とする。

実はゲーム業界に初任給引き上げドミノが起きている。バンダイナムコエン
ターテインメントは22年度に大卒初任給を前年度比25％上げて29万円とし
た。カプコンなども22年度に実施。23年度にはスクウェア・エニックスに加
え任天堂が１割増の25万6000円とした。中堅ゲーム会社幹部は「（優秀な人
材の）つなぎ留めのために賃上げをしないと、他社に流出してしまう」と危機
感を隠さない。

金融も初任給の引き上げが目立った。三井住友銀行は初任給を16年ぶりに引
き上げ、大卒で24.4％増の25万5000円とした。スマホ金融などの強化に
必要なデジタル人材はあらゆる業界で奪い合いになっている。

三井住友銀に続き、みずほフィナンシャルグループは24年に５万5000円、
三菱UFJ銀行も同年に５万円、それぞれ初任給を引き上げることを決めている。
ネット専業銀行や地方銀行も相次ぎ初任給引き上げに走っている。

一方、初任給の伸びが低かったのが鉄鋼業界。前年比ほぼ横ばいだった。初任
給は春季労使交渉で決まる場合が多く、鉄鋼大手は効率化などを目的に交渉を
２年に１度としている。23年は労使交渉がなかったことが影響したとみられる。

倉庫・運輸関連は前年比0.9％増、水産や自動車・部品が１％増となった。例
年に比べれば高い賃上げ率だが、各業界とも初任給の全体平均額を下回ってい
る。

過去にも人手不足感が高まると、初任給を引き上げる傾向が強まった。しかし
23年は企業の焦りが感じられる。初任給伸び率が2.2％増となり、10年以降
で最大の伸び率となっているのだ。24年度以降の持続性もカギとなりそうだ。

法政大学の山田久教授は「全体の賃金上昇傾向が続くかは経済の情勢次第で不
透明感が残るが、初任給引き上げ競争は今後も続くだろう」とみる。少子高齢
化で若年労働人口が減る中、企業はIT人材から現場労働者まで若手の採用力
強化が必須となっている。　　　　　　　　　（2023年６月18日　日本経済新聞）

NVIDIAとTSMC、生成AIに専用半導体　年内投入へ

半導体設計大手の米エヌビディアと半導体受託生産首位の台湾積体電路製造
（TSMC）が、生成AI向けの専用半導体を年内に投入する。AIが回答を導き出

す過程の速度を前世代品に比べて最大12倍にする。半導体は「新型コロナウイルス特需」の反動で市況が悪化するなか、米台の2強が次の成長分野でリードを固める。

「（AI向け半導体の）需要は非常に強い。サプライチェーン（供給網）のパートナーとともに増産を急いでいる」

エヌビディアのジェンスン・ファン最高経営責任者（CEO）は30日、台北市内で記者会見し、生成AI向け市場の成長性を強調した。台湾出身のファン氏は同日開幕したIT（情報技術）見本市「台北国際電脳展」（コンピューテックス台北）に合わせて訪台した。

エヌビディアはAI分野で広く使われる画像処理半導体（GPU）を手掛け、AI向け半導体で世界シェア8割を握る。「Chat（チャット）GPT」に代表される対話型の生成AIの急速な進化を受け、AIのデータ処理に特化した専用半導体を年内に投入する。

エヌビディアが設計した半導体をTSMCが量産する。AIが質問への回答を導き出す「推論」のスピードを前世代品に比べて最大12倍に速める。

生成AIサービスの多くは、データセンターのサーバー上で開発・運用されている。GPUは膨大なデータをAIに学ばせて回答の精度を上げていく「学習」と、利用者から質問などを受けてAIが答えを導く「推論」の両方に使われる。

特にエヌビディアのGPUは「（AI用途への）最適化が進んでおり、大きな先行者優位がある」（台湾調査会社トレンドフォースの曾伯楷アナリスト）。

チャットGPTを開発した米新興オープンAIは、サービス開発に約1万個のGPUを用いているとされる。トレンドフォースは技術の高度化に伴い、今後は一つのサービスを開発・運用するのに3万個以上のGPUが必要になると予測する。

ゲームや動画編集に使われる一般的なGPUは市販価格が1個10万円以下のものもあるが、AI向け高性能GPUは100万円を優に超える。需要が伸びれば市場全体へのインパクトも大きい。

独調査会社スタティスタは、生成AIがけん引するAI向け半導体の市場規模が、2028年に21年比で12倍の1278億ドル（約18兆円）に急拡大すると予測する。半導体市場全体が22年時点で80兆円規模だったのと比べても存在感は大きい。

エヌビディアを支えるのは、半導体の量産技術で世界トップを走るTSMCだ。新たに投入する生成AI向け半導体を含め、AI向け高性能GPUを独占的に生産する。

両社の関係は1990年代半ばに遡る。創業間もないエヌビディアは、生産委託先の確保に苦しんでいた。台湾出身のファンCEOが頼ったのは当時、半導体受託生産で躍進しつつあったTSMC創業者の張忠謀（モリス・チャン）氏だった。

張氏が電話で直接交渉に応じ、両社の取引がスタートしたという。以後30年近くにわたり、TSMCはゲームからパソコン、AI向けに至る幅広い製品を供給してきた。

近年はAI向け半導体の性能向上の鍵を握る「パッケージング技術」の開発で関係を深めている。異なる機能を持つ複数の半導体を一つのパッケージに収め、効率よく連動させる技術だ。

エヌビディアは2010年代中盤にいち早く同技術をGPUに採用。量産技術を開発するTSMCと二人三脚で、性能向上を実現してきた。

生成AI向け半導体の開発競争は激化が見込まれる。米グーグルや米アマゾン・ドット・コムといったIT大手が、独自に半導体の設計に乗り出している。両社ともエヌビディアの大口顧客だが、自前の半導体開発によってサービスの差別化やコスト低減を狙う。

そのIT大手も半導体の生産は外部委託に頼らざるを得ない。エヌビディアとTSMCの緊密な関係は、今後の競争で有利に働く可能性がある。

20年〜22年前半にかけて好調が続いた世界の半導体市場は、足元で厳しい状況にある。コロナ特需の反動でパソコンやスマホ、ゲーム機などの販売が落ち込み、全体的な市況の回復は24年になるとの見方が強い。TSMCは23年12月期通期に前の期比で減収（米ドルベース）を見込む。

生成AIはスマホなどに代わる半導体市場のけん引役となることが期待される。TSMCの魏哲家CEOは4月中旬の記者会見で「AI向けの需要は強く、業績成長の原動力となる」と強調した。

ファン氏も30日の記者会見で「我々は間違いなく、生成AIの新時代の始まりにいる」と述べ、業界が大きな成長局面に入りつつあると指摘した。生成AIの進化を支える製品を供給できるかが、市場全体の成長を左右する。

（2023年5月30日　日本経済新聞）

5G網整備へ技術者争奪　携帯電話大手4社、14%増員

高速通信網を整備する技術者の争奪が激しい。携帯大手4社は2022年3月

末に技術者を前年同期比14%増やした。転職者の平均年収も新型コロナウイルス禍のときと比較して2割上昇した。足元ではIT（情報技術）・通信エンジニアの転職求人倍率は全体を大きく上回っている。

高速通信規格「5G」の利用区域を広げるため需要は高まる。通信基盤を支える人材の不足が続けば日本のデジタル化に響きかねない。

総務省の調査によると、携帯大手4社の無線従事者や保守などの技術者数は22年3月末時点で計3万5400人だった。

企業ごとに定義の異なる部分はあるものの、前年同期比の伸び率は楽天モバイルが最大の34%増の3500人。次いでソフトバンクが28%増の1万800人、NTTドコモが7%増の1万2100人、KDDIが5%増の8800人と続いた。

5Gの通信速度は4Gの最大100倍で遅延したときの影響は10分の1に低下するとされる。スマートシティーや自動運転、工場機器の遠隔制御などに生かせば、新たなビジネスにつながる。

30年ごろには次世代の6Gへの移行が始まる見込みだが、技術革新とともに複雑なネットワーク構築を求められる。

ソフトバンクの担当者は「災害対策に加えて、5G基地局の整備のために技術者を増やしている」と説明する。KDDIも基地局の保守・運用に関わる技術者の需要は引き続き大きいとみる。

新型コロナで社会のデジタル化の要請が高まり、通信業界の技術者不足は厳しさを増す。KDDIなどで大規模な通信障害が相次いだことも通信網の重要性を意識させた。

人材サービス大手のエン・ジャパンによると、エンジニアが転職した際の22年の平均年収は新型コロナで底となった20年比19%増の519万円だった。

同社で通信業界を担当する星野玲氏は「通信業界は人材獲得が難しい。売り手市場で適正水準を上回る年収を示す事例が多い」と話す。従来は700万円程度が上限だったが、いまは900万円ほどに上がっているという。

携帯大手が求めるネットワーク技術者の22年の求人数は20年より45%増えた。パーソルキャリアの転職サービスのdoda（デューダ）によると、足元の23年2月のIT・通信エンジニアの転職求人倍率は10.19倍で、全体の2.15倍を上回った。

問題はこうした需要をまかなうだけの人材がいないことだ。経済産業省は30年に国内で最大79万人のIT人材が不足すると予測する。

政府は電力・ガス、道路、鉄道などのインフラ点検で規制を緩和し、ドローンや人工知能（AI）の導入を促す。通信でも保守・運用を自動化すれば余剰人員

を競争分野に振り向けることができる。

稲田修一早大教授は「通信業界は他分野に比べて省人化が進んでいるとは言えない」として改善が不可欠だと指摘する。

総務省によると、5Gの全国人口カバー率は22年3月末時点で93％とまだ行き渡っていない。新型コロナで露呈したデジタル化の遅れを取り戻すためにも、5G網づくりを急ぐ必要がある。

（2023年4月19日　日本経済新聞）

IT業界特化のSNSアプリ　HonneWorks

企業の平均年収をまとめたウェブサイトを運営するHonneWorks（ホンネワークス、神奈川県茅ケ崎市）は、IT（情報技術）業界で働く会社員向けに特化したSNS（交流サイト）アプリの提供を始める。利用者は匿名で参加できるが、ホンネワークスが職場のメールアドレスから勤務先を確認する点が特徴。信頼度の高い情報の交換につなげ、転職希望者に役立ててもらう。事業拡大に備え、ベンチャーキャピタル（VC）のゼロイチキャピタルなどからJ-KISS型新株予約権方式で約3000万円を調達した。

（2023年3月7日　日本経済新聞）

ITエンジニア、転職年収2割増　製造業や金融で引き合い

IT（情報技術）エンジニアについて、製造業や金融など非IT系の事業会社に転職した際の年収の上昇が目立つ。2022年までの2年間で2割上がり、エンジニア全体の平均を上回った。デジタルトランスフォーメーション（DX）化などを背景に、社内のシステム構築などの業務が増えた。IT業界以外の企業は、社内にITに詳しい人材が少ない。即戦力となる経験者を中心に高い年収を提示し獲得を急いでいる。

東京都在住の30代男性は、22年12月にITシステムの開発企業から鋼材系メーカーの社内システムエンジニア（SE）に転職した。自社のITインフラの整備をしている。転職で年収は50万円ほど上がった。

以前はクライアント先のシステム開発を担当していた。自社のシステムは利用者からの反応なども確認しやすく、やりがいを感じるという。

人材サービス大手のエン・ジャパンによると、同社の運営する人材紹介サービス「エン エージェント」を通じて決まったITエンジニアの転職のうち、非IT企業の初年度年収（転職決定時、中央値）は22年が516万円。ITエンジニア全体（511万円）を上回る。

上昇率も同様だ。非IT企業は新型コロナウイルスの感染が広がった20年に比べ95万円（22.6％）高い。ITエンジニア全体（21.4％）に比べ、伸びの勢いが目立つ。

背景にあるのが新型コロナ禍を契機とした、IT人材の不足だ。パーソルキャリア（東京・千代田）の転職サービスのdoda（デューダ）のまとめでは、22年12月のIT・通信エンジニアの中途採用求人倍率は12.09倍。全体（2.54倍）を大きく上回った。経済産業省は30年に日本で最大79万人のIT人材が不足すると予測する。

新型コロナの感染拡大で非IT系業種も含め、ビジネス現場のデジタル化が加速した。リモートでの就業環境を整えるだけでなく、経営の中にデジタル化をどう位置づけ推進するのかといった課題が生まれた。

既存システムの安定稼働やメンテナンスといったコロナ禍前からの業務に加え、リモート化や各種セキュリティー強化に取り組む人材が必要になった。

経営管理の観点からは、中長期のIT戦略投資の立案や社内の人材育成も求められるようになった。5年以上のIT実務の経験者や、経営を視野に入れITプロジェクトを進められるミドル層の需要が高まった。特に非IT系業種はこうした人材資源がIT企業に比べ薄く、中途採用を活用せざるを得ない。

dodaによると、22年10〜12月期のITエンジニアの新規求人のうち、年収が700万円以上の件数は35％だった。19年同期の19％から16ポイント増えた。大浦征也doda編集長は「事業会社は経験者を採用できなければ競合に後れを取るとの意識がある」としたうえで「採用基準を下げるのではなく、賃金を引き上げてでも人材を獲得しようという動きが強まった」とみる。

中途採用をいかしデジタル関連業務の内製化を進めることで、コストの削減も期待できる。クレディセゾンは19年にITエンジニアの中途採用を始め、20年以降も即戦力となる30〜40代を中心に獲得を進める。同社は「内製した案件の開発コストは外部依頼の場合と比べ、21〜22年度の累計で約6割削減できる見通し」と説明する。

（2023年2月8日　日本経済新聞）

▶ 労働環境

職種：代理店営業　　年齢・性別：20代後半・男性

・以前は年功序列の風潮でしたが，今は実力主義になってきています。
・会社への利益貢献ができ，上司の目に留まれば出世は早いでしょう。
・自己PRが上手で，失敗・成功に関わらず原因分析できることが重要。
・上司の目に留まらなければ，芽が出ないまま転職する人も。

職種：システムエンジニア　　年齢・性別：20代後半・男性

・転勤が本当に多く，それは女性も例外ではありません。
・入社時に「総合職は転勤があるが大丈夫か？」と確認されます。
・3～7年で異動になりますが，その都度転勤の可能性があります。
・家庭を持っている人や家を持っている人は単身赴任になることも。

職種：法人営業　　年齢・性別：30代前半・男性

・残業は月に20時間程度で，ワークライフバランスがとりやすいです。
・休日出勤はほとんどなく，1年に数回あるかどうかです。
・有給休暇はしっかりと取れるので，休暇の計画は立てやすいです。
・子どもの各種行事に積極的に参加している人も周りに多くいます。

職種：営業アシスタント　　年齢・性別：20代前半・女性

・全体的にかなり風通しの良い職場です。
・飲み会や遊びの計画が多く，社員同士の仲はとても良いです。
・社員の年齢層は比較的若めで，イベント好きな人が多い印象です。
・東京本社の場合，ワンフロアになっており全体が見渡せる作りです。

▶福利厚生

職種：代理店営業　　年齢・性別：20代後半・男性

・独身のうちは社宅（寮）に入ることができます。
・社宅は多少年数が経っていますが，きれいな物が多いです。
・家賃もかなり安くて，住宅補助についてはかなり満足できます。
・住宅補助以外にも，保養施設や通勤補助は非常に充実しています。

職種：法人営業　　年齢・性別：20代前半・男性

・多くの企業のスポンサーのため，各種チケットをもらえたりします。
・某有名遊園地の割引券も手に入ります。
・住居手当，育児休暇など福利厚生全般はかなり充実しています。
・通常の健康診断以外にも人間ドックを無料で受けることができます。

職種：マーケティング　　年齢・性別：20代後半・男性

・各種福利厚生は充実しており，なかでも住宅補助は手厚いです。
・社宅は借り上げで月1〜2万円で，家賃10万以上の物件に住めます。
・社宅住まいの場合，年収に換算すると年100万弱の手当となります。
・健康診断・人間ドック，フィットネスなども利用できます。

職種：ネットワーク設計・構築　　年齢・性別：30代後半・男性

・福利厚生は充実しており，有給休暇は2年目から年20日もらえます。
・夏季休暇は5日，年末年始は6日の休暇が付与されます。
・労働組合が強いため，サービス残業はなく，残業代は全額出ます。
・残業時間は，職場にもよりますが，月20〜30時間程度かと思います。

▶仕事のやりがい

職種：営業マネージャー　　年齢・性別：40代後半・男性

- 大規模な通信インフラの構築や保守に力を入れています。
- 通信業界の技術進歩は目覚ましいものがあり，夢があります。
- 数年後にどんなサービスができるか予想できない面白さがあります。
- 人々の日常生活に欠かせないものに携われるやりがいがあります。

職種：販促企画・営業企画　　年齢・性別：20代後半・男性

- 企画部門では若手でもやりがいのある大きな仕事を任されます。
- 関わる部門や担当が多岐にわたる場合，調整が大変なことも。
- 事務系社員は2～3年毎にジョブローテーションがあります。
- 常に自身のキャリアパスをしっかり考えておくことが重要です。

職種：法人営業　　年齢・性別：30代前半・男性

- やった分だけ成果としてあらわれるところが面白いです。
- チームプレイの難しさはありますが，勉強になることが多いです。
- 自分個人で考える部分とチームで動くところのバランスが大切。
- お客様に革新的な製品を常に提案できるのは素晴らしいと思います。

職種：経営企画　　年齢・性別：20代前半・男性

- 良くも悪くも完全に社長トップダウンの会社です。
- 会社の成長度に関しては日本随一だと思います。
- 日々学ぶことが多く，熱意をもって取り組めば得るものは大きいです。
- 驚くぐらい優秀な人に出会えることがあり，非常に刺激になります。

▶ ブラック？ホワイト？

職種：ネットワークエンジニア　　年齢・性別：30代後半・男性

・会社全体のコミュニケーションが弱く，情報共有がされにくいです。
・会社のどこの部署が何を行っているかわかりません。
・分野が違う情報は同期などのツテを頼って芋づる式に探す有様です。
・製品不具合情報等の横展開もほとんどなく，非常に効率が悪いです。

職種：代理店営業　　年齢・性別：20代後半・男性

・殿様商売と世間では言われていますが，まさにその通り。
・過去の遺産を食いつぶしているような経営方針で不安になります。
・消費者の声はほぼ届かず，上からの声だけ受け入れている感じです。
・40代後半の上層部はかなりの保守派で，時代の流れに抗っています。

職種：プロジェクトリーダー　　年齢・性別：30代前半・男性

・裁量労働制なので，残業代はありません。
・みなし労働時間は，月35時間残業相当の専門職手当が支払われますが，その範囲で業務が収まるわけがなく，長時間の残業が発生します。
・残業前提のプロジェクト計画で黒字を目論む企業体質は健在です。

職種：システムエンジニア　　年齢・性別：20代後半・男性

・裁量労働制が導入されてからは残業が常態化しています。
・定時で帰ろうものなら「あれ？　何か用事？」と言われます。
・以前は45時間以上残業する際は申請が必要なほどでしたが，裁量労働制導入後は残業が75時間を越えても何も言われません。

▶ 女性の働きやすさ

職種：代理店営業　　年齢・性別：30代前半・男性

・女性の労働環境がかなり整っている会社だと思います。
・出産時に一旦休み，復帰してくるケースは多いです。
・復帰後も時間短縮勤務ができるため，退職する女性は少ないです。
・会社側は女性の活用について，今後も更に取り組んでいくようです。

職種：システムエンジニア　　年齢・性別：20代前半・男性

・住宅手当など，既婚者が働きやすい環境づくりに力を入れています。
・産休・育休など社内の既婚者はほとんど活用されているようですが，
　実力主義という点はどうしてもあるので覚悟は必要です。
・産休・育休で仕事ができなくなる人は，部署移動や給与にも影響。

職種：社内SE　　年齢・性別：20代後半・女性

・産休，育休を使う人も多く，女性にはとても良い環境だと思います。
・外部講師を招き，女性の環境向上のためのセミナーなどもあります。
・会社として女性の待遇にとても力を入れているのを感じます。
・年配の上司によっては，差別的な見方の方もまだ若干いますが。

職種：システムエンジニア　　年齢・性別：20代後半・女性

・課長，部長，統括部長，事業部長に，それぞれ女性が就いています。
・育児休暇制度が整っていて，復帰して働く女性が年々増えています。
・時短勤務になるため男性に比べて出世は遅くなるようです。
・子育てをしながら管理職に昇進できる環境は整っています。

▶今後の展望

職種：営業　　年齢・性別：30代前半・男性

・国内市場は飽和状態のため，海外へ行くしかないと思いますが，経営陣に難があるためグローバル進出は難しいかもしれません。
・アジアを中心に市場開拓していますが，先行きは不透明です。
・金融事業は好調のため，引き続き当社の主軸となるでしょう。

職種：サービス企画　　年齢・性別：20代後半・男性

・事業規模が非常に大きく，現在は非常に安定しています。
・国内に閉じた事業内容なので，今後の伸びしろは微妙かと。
・海外進出の計画もあるようですが，目立った動きはまだありません。
・業種的にグローバル展開の意義はあまりないのかもしれません。

職種：新規事業・事業開発　　年齢・性別：20代後半・男性

・携帯事業以外の新規事業を模索している段階です。
・OTTプレーヤーと言われる企業に勝るサービスの創出に難航中。
・今までの成功体験や仕事のやり方からの脱却がカギだと思います。
・グローバル化にも程遠く，海外志向の人にはオススメできません。

職種：営業　　年齢・性別：20代後半・男性

・安定した収益基盤があり，しばらくは安定して推移すると思います。
・通信をベースに，周辺の事業領域が拡大する余地もあると思います。
・今後は海外展開（特にアジア圏）を積極的に進めていくようです。
・日本市場が今後縮小していく中，海外展開は大きなカギになります。

情報通信・IT 業界　国内企業リスト（一部抜粋）

会社名	本社住所
NEC ネッツエスアイ株式会社	文京区後楽 2-6-1 飯田橋ファーストタワー
株式会社システナ	東京都港区海岸 1 丁目 2 番 20 号 汐留ビルディング 14F
デジタルアーツ株式会社	東京都千代田区大手町 1-5-1 大手町ファーストスクエア ウエストタワー 14F
新日鉄住金ソリューションズ 株式会社	東京都中央区新川二丁目 20-15
株式会社コア	東京都世田谷区三軒茶屋一丁目 22 番 3 号
株式会社ソフトクリエイト ホールディングス	東京都渋谷区渋谷 2 丁目 15 番 1 号 渋谷クロスタワー
IT ホールディングス株式会社	東京都新宿区西新宿 8-17-1 住友不動産新宿グランド タワー 21F（総合受付 14F）
ネオス株式会社	東京都千代田区神田須田町 1-23-1 住友不動産神田ビル 2 号館 10F
株式会社電算システム	岐阜県岐阜市日置江 1 丁目 58 番地
グリー株式会社	東京都港区六本木 6-10-1 六本木ヒルズ森タワー
コーエーテクモ ホールディングス株式会社	神奈川県横浜市港北区箕輪町 1 丁目 18 番 12 号
株式会社三菱総合研究所	東京都千代田区永田町二丁目 10 番 3 号
株式会社ボルテージ	東京都渋谷区恵比寿 4-20-3　恵比寿ガーデンプレイス タワー 28 階
株式会社 電算	長野県長野市鶴賀七瀬中町 276-6
株式会社 ヒト・コミュニケーションズ	東京都豊島区東池袋 1-9-6
株式会社ブレインパッド	東京都港区白金台 3-2-10 白金台ビル
KLab 株式会社	東京都港区六本木 6-10-1 六本木ヒルズ森タワー
ポールトゥウィン・ピットクルー ホールディングス株式会社	東京都新宿区西新宿 2-4-1　新宿 NS ビル 11F
株式会社イーブック イニシアティブジャパン	東京都千代田区神田駿河台 2-9 KDX 御茶ノ水ビル 7F
株式会社　ネクソン	東京都中央区新川二丁目 3 番 1 号
株式会社アイスタイル	東京都港区赤坂 1-12-32 号 アーク森ビル 34 階
株式会社 エムアップ	東京都渋谷区渋谷 2-12-19 東建インターナショナルビル本館 5 階

会社名	本社住所
株式会社エイチーム	名古屋市西区牛島町 6 番 1 号 名古屋ルーセントタワー 36F
株式会社ブロードリーフ	東京都品川区東品川 4-13-14 グラスキューブ品川 8F
株式会社ハーツユナイテッド グループ	東京都港区六本木六丁目 10 番 1 号 六本木ヒルズ森タワー 34 階
株式会社ドワンゴ	東京都中央区銀座 4-12-15 歌舞伎座タワー
株式会社ベリサーブ	東京都新宿区西新宿 6-24-1 西新宿三井ビル 14 階
株式会社マクロミル	東京都港区港南 2-16-1 品川イーストワンタワー 11F
株式会社ティーガイア	東京都渋谷区恵比寿 4-1-18
株式会社豆蔵ホールディングス	東京都新宿区西新宿 2-1-1 新宿三井ビルディング 34 階
テクマトリックス株式会社	東京都港区高輪 4 丁目 10 番 8 号 京急第 7 ビル
GMO ペイメントゲートウェイ 株式会社	東京都渋谷区道玄坂 1-14-6 渋谷ヒューマックスビル（受付 7 階）
株式会社ザッパラス	東京都渋谷区渋谷 2 丁目 12 番 19 号 東建インターナショナルビル
株式会社インターネット イニシアティブ	東京都千代田区神田神保町 1-105 神保町三井ビルディング
株式会社ビットアイル	東京都品川区東品川 2-5-5 HarborOne ビル 5F
株式会社 SRA ホールディングス	東京都豊島区南池袋 2-32-8
株式会社朝日ネット	東京都中央区銀座 4-12-15 歌舞伎座タワー 21 階
パナソニック インフォメーション システムズ株式会社	大阪府大阪市北区茶屋町 19 番 19 号
株式会社フェイス	京都市中京区烏丸通御池下る虎屋町 566-1 井門明治安田生命ビル
株式会社野村総合研究所	東京都千代田区丸の内 1-6-5　丸の内北口ビル
サイバネットシステム株式会社	東京都千代田区神田練塀町 3 番地 富士ソフトビル
株式会社インテージ ホールディングス	東京都千代田区神田練塀町 3 番地 インテージ秋葉原ビル
ソースネクスト株式会社	東京都港区虎ノ門 3-8-21　虎ノ門 33 森ビル 6 階
株式会社クレスコ	東京都港区港南 2-15-1 品川インターシティ A 棟 25 階〜 27 階
株式会社フジ・メディア・ ホールディングス	東京都港区台場二丁目 4 番 8 号
株式会社 オービック	東京都中央区京橋 2 丁目 4 番 15 号

会社名	本社住所
TDC ソフトウェアエンジニアリング株式会社	東京都渋谷区代々木 3-22-7 新宿文化クイントビル
ヤフー株式会社	東京都港区赤坂 9-7-1 ミッドタウン・タワー
トレンドマイクロ株式会社	東京都渋谷区代々木 2-1-1　新宿マインズタワー
日本オラクル株式会社	東京都港区北青山 2-5-8
株式会社アルファシステムズ	川崎市中原区上小田中 6 丁目 6 番 1 号
フューチャーアーキテクト株式会社	東京都品川区大崎 1-2-2アートヴィレッジ大崎セントラルタワー
株式会社シーエーシー	東京都中央区日本橋箱崎町 24 番 1 号
ソフトバンク・テクノロジー株式会社	東京都新宿区西五軒町 13-1　飯田橋ビル 3 号館
株式会社トーセ	京都市下京区東洞院通四条下ル
株式会社オービックビジネスコンサルタント	東京都新宿区西新宿六丁目 8 番 1 号住友不動産新宿オークタワー 32F
伊藤忠テクノソリューションズ株式会社	東京都千代田区霞が関 3-2-5　霞が関ビル
株式会社アイティフォー	東京都千代田区一番町 21 番地 一番町東急ビル
株式会社 東計電算	神奈川県川崎市中原区市ノ坪 150
株式会社　エックスネット	東京都新宿区荒木町 13 番地 4　住友不動産四谷ビル4 階
株式会社大塚商会	東京都千代田区飯田橋 2-18-4
サイボウズ株式会社	東京都文京区後楽 1-4-14 後楽森ビル 12F
ソフトブレーン株式会社	東京都中央区八重洲 2-3-1住友信託銀行八重洲ビル 9 階
株式会社アグレックス	東京都新宿区西新宿 2 丁目 6 番 1 号 新宿住友ビル
株式会社電通国際情報サービス	東京都港区港南 2-17-1
株式会社 EM システムズ	大阪市淀川区宮原 1 丁目 6 番 1 号 新大阪ブリックビル
株式会社ウェザーニューズ	千葉県千葉市美浜区中瀬 1-3 幕張テクノガーデン
株式会社 CIJ	神奈川県横浜市西区平沼 1-2-24　横浜 NT ビル
ネットワンシステムズ株式会社	東京都千代田区丸の内二丁目 7 番 2 号　JP タワー
株式会社アルゴグラフィックス	東京都中央区日本橋箱崎町 5-14 アルゴ日本橋ビル
ソフトバンク株式会社	東京都港区東新橋 1-9-1

●情報提供のお願い●

　就職活動研究会では，就職活動に関する情報を募集しています。

　エントリーシートやグループディスカッション，面接，筆記試験の内容等について情報をお寄せください。ご応募はメールアドレス（edit@kyodo-s.jp）へお願いいたします。お送りくださいました方々には薄謝をさしあげます。

　ご協力よろしくお願いいたします。

会社別就活ハンドブックシリーズ

ソフトバンクの
就活ハンドブック

編　者	就職活動研究会
発　行	令和6年2月25日
発行者	小貫輝雄
発行所	協同出版株式会社

〒101-0054
東京都千代田区神田錦町2-5
電話　03-3295-1341
振替　東京00190-4-94061

印刷所　協同出版・POD工場

落丁・乱丁はお取り替えいたします

●2025年度版●
会社別就活ハンドブックシリーズ
【全111点】

運　輸

東日本旅客鉄道の就活ハンドブック	小田急電鉄の就活ハンドブック
東海旅客鉄道の就活ハンドブック	阪急阪神 HD の就活ハンドブック
西日本旅客鉄道の就活ハンドブック	商船三井の就活ハンドブック
東京地下鉄の就活ハンドブック	日本郵船の就活ハンドブック

機　械

三菱重工業の就活ハンドブック	浜松ホトニクスの就活ハンドブック
川崎重工業の就活ハンドブック	村田製作所の就活ハンドブック
IHI の就活ハンドブック	クボタの就活ハンドブック
島津製作所の就活ハンドブック	

金　融

三菱 UFJ 銀行の就活ハンドブック	野村證券の就活ハンドブック
三菱 UFJ 信託銀行の就活ハンドブック	りそなグループの就活ハンドブック
みずほ FG の就活ハンドブック	ふくおか FG の就活ハンドブック
三井住友銀行の就活ハンドブック	日本政策投資銀行の就活ハンドブック
三井住友信託銀行の就活ハンドブック	

建設・不動産

三菱地所の就活ハンドブック	鹿島建設の就活ハンドブック
三井不動産の就活ハンドブック	大成建設の就活ハンドブック
積水ハウスの就活ハンドブック	清水建設の就活ハンドブック
大和ハウス工業の就活ハンドブック	

資源・素材

旭旭化成グループの就活ハンドブック	関西電力の就活ハンドブック
東レの就活ハンドブック	日本製鉄の就活ハンドブック
ワコールの就活ハンドブック	中部電力の就活ハンドブック

九州電力の就活ハンドブック

自動車

トヨタ自動車の就活ハンドブック

本田技研工業の就活ハンドブック

デンソーの就活ハンドブック

日産自動車の就活ハンドブック

商　社

三菱商事の就活ハンドブック

住友商事の就活ハンドブック

丸紅の就活ハンドブック

三井物産の就活ハンドブック

伊藤忠商事の就活ハンドブック

双日の就活ハンドブック

豊田通商の就活ハンドブック

情報通信・IT

NTT データの就活ハンドブック

NTT ドコモの就活ハンドブック

野村総合研究所の就活ハンドブック

日本電信電話の就活ハンドブック

KDDI の就活ハンドブック

ソフトバンクの就活ハンドブック

楽天の就活ハンドブック

mixi の就活ハンドブック

グリーの就活ハンドブック

サイバーエージェントの就活ハンドブック

LINE ヤフーの就活ハンドブック

SCSK の就活ハンドブック

富士ソフトの就活ハンドブック

日本オラクルの就活ハンドブック

GMO インターネットグループ

オービックの就活ハンドブック

DTS の就活ハンドブック

TIS の就活ハンドブック

食品・飲料

サントリー HD の就活ハンドブック

味の素の就活ハンドブック

キリン HD の就活ハンドブック

アサヒグループ HD の就活ハンドブック

日本たばこ産業 の就活ハンドブック

日清食品グループの就活ハンドブック

山崎製パンの就活ハンドブック

キユーピーの就活ハンドブック

生活用品

資生堂の就活ハンドブック

花王の就活ハンドブック

武田薬品工業の就活ハンドブック

電気機器

三菱電機の就活ハンドブック	パナソニックの就活ハンドブック
ダイキン工業の就活ハンドブック	富士通の就活ハンドブック
ソニーの就活ハンドブック	キヤノンの就活ハンドブック
日立製作所の就活ハンドブック	京セラの就活ハンドブック
ＮＥＣの就活ハンドブック	オムロンの就活ハンドブック
富士フイルム HD の就活ハンドブック	キーエンスの就活ハンドブック

保　険

東京海上日動火災保険の就活ハンドブック	三井住友海上火災保険の就活ハンドブック
第一生命ホールディングスの就活ハンドブック	損保ジャパンの就活ハンドブック

メディア

日本印刷の就活ハンドブック	エイベックスの就活ハンドブック
博報堂 DY の就活ハンドブック	東宝の就活ハンドブック
TOPPAN ホールディングスの就活ハンドブック	

流通・小売

ニトリ HD の就活ハンドブック	ZOZO の就活ハンドブック
イオンの就活ハンドブック	

エンタメ・レジャー

オリエンタルランドの就活ハンドブック	任天堂の就活ハンドブック
アシックスの就活ハンドブック	カプコンの就活ハンドブック
バンダイナムコ HD の就活ハンドブック	セガサミー HD の就活ハンドブック
コナミグループの就活ハンドブック	タカラトミーの就活ハンドブック
スクウェア・エニックス HD の就活ハンドブック	

▼会社別就活ハンドブックシリーズにつきましては，協同出版のホームページからもご注文ができます。詳細は下記のサイトでご確認下さい。

https://kyodo-s.jp/examination_company